AF469359

HYGIÈNE

PHYSIQUE ET MORALE

DE L'OUVRIER

DANS LES GRANDES VILLES EN GÉNÉRAL

ET DANS LA VILLE DE LYON EN PARTICULIER

POUR SERVIR A L'EXTINCTION DES PRÉJUGÉS ET DU CHARLATANISME

PAR

A. L. FONTERET

DOCTEUR EN MÉDECINE DE LA FACULTÉ DE PARIS

Sanare bonum, melius providere.
Préserver vaut mieux que guérir.

OUVRAGE QUI A OBTENU LE PREMIER PRIX (MÉDAILLE D'OR DE 300 FR.) AU CONCOURS OUVERT PAR LA SOCIÉTÉ IMPÉRIALE DE MÉDECINE DE LYON.

PARIS

LIBRAIRIE VICTOR MASSON

PLACE DE L'ÉCOLE-DE-MÉDECINE

1858

HYGIÈNE

PHYSIQUE ET MORALE

DE L'OUVRIER

Corbeil, typographie et stéréotypie de Crété.

HYGIÈNE

PHYSIQUE ET MORALE

DE L'OUVRIER

DANS LES GRANDES VILLES EN GÉNÉRAL

ET DANS LA VILLE DE LYON EN PARTICULIER

POUR SERVIR A L'EXTINCTION DES PRÉJUGÉS ET DU CHARLATANISME,

PAR

A. L. FONTERET

DOCTEUR EN MÉDECINE DE LA FACULTÉ DE PARIS

Sanare bonum, meliùs providere.
Préserver vaut mieux que guérir.

OUVRAGE QUI A OBTENU LE PREMIER PRIX (MÉDAILLE D'OR DE 200 FR.) AU CONCOURS OUVERT PAR LA SOCIÉTÉ IMPÉRIALE DE MÉDECINE DE LYON.

PARIS

LIBRAIRIE VICTOR MASSON

PLACE DE L'ÉCOLE DE MÉDECINE

1858

EXTRAIT DU RAPPORT [A]

SUR LES MÉMOIRES ENVOYÉS
AU CONCOURS OUVERT PAR LA SOCIÉTÉ DE MÉDECINE
DE LYON, POUR LE PRIX D'HYGIÈNE.

Lu en séance publique le 28 janvier 1856.

Au nom d'une commission composée de :

MM. Bonnet,
Perrin,
Pétrequin,
Peyraud,
Girin,
Lacour,
Diday, *rapporteur*.

« La réalisation du progrès scientifique n'est que « l'un des buts que nous poursuivons dans les tra-

(A) Ce rapport, dont je ne donne qu'un extrait, a été publié en entier dans la *Gazette médicale de Lyon* du 29 février 1856. (*Note de l'auteur*)

« vaux que nos propres forces opèrent, ou dans « ceux que notre initiative suscite. Fière du man-« dat qu'elle tient de la confiance publique, la So-« ciété de médecine de Lyon ne cesse de tourner « avec prédilection vers la prospérité de ses com-« patriotes, tous les efforts qui s'accomplissent « dans sa sphère. C'est là une tradition précieuse, « qu'elle s'honore d'avoir su garder depuis son « origine, et qu'elle consacre en fondant chaque « année, à côté d'une question de science pure, un « prix destiné à provoquer plus directement, soit « l'amélioration de l'une des conditions, soit la sa-« tisfaction de l'un des besoins hygiéniques ou sani-« taires de notre grande cité. »

« Le programme dont je vais dire les résultats « est l'un de ceux qui témoignent le plus haute-« ment de votre sollicitude à cet égard. Ville avant « tout manufacturière, Lyon ne se dessine pas un « type plus accentué, par la supériorité de ses pro-« duits, que par la physionomie si caractéristique « de ceux à qui ils sont dus. Habitudes, passions, « préjugés, maladies, tout jusqu'à la constitution, « jusqu'à la stature même, est aussi essentiellement « personnel à l'ouvrier Lyonnais que son genre de « travail. C'est dans ce labeur monotone que se

« concentre sa vie physique et morale tout entière ; « c'est près du *métier* qu'il naît, grandit, élève sa « famille, jouit, souffre et meurt. Cercle invariable « qui, en restreignant ses communications avec le « monde extérieur, simplifie, ou spécialise du « moins, les circonstances dans lesquelles il de- « vient tributaire de notre art secourable. »

« Pour cette existence à part, vous avez voulu un « code en harmonie avec ses nombreux et pressants « desiderata. Vous avez voulu qu'une voix éclai- « rée, qu'une main bienveillante, prenant non pas « l'homme tel qu'il sort du sein de la nature, mais « l'ouvrier Lyonnais tel que l'a fait son industrie hé- « réditaire, lui offrît un tableau où il trouvât et à « se reconnaître et à se régénérer : critique ferme « mais encourageante ; conseiller qui, sans rien né- « gliger de nécessaire, avant tout, restât à sa por- « tée ; ami véritable, en un mot, plus jaloux de « servir que de prêcher, plus heureux d'être utile « que de se faire valoir. C'est dans ce but que vous « avez proposé pour sujet d'un prix de valeur ex- « ceptionnelle la question dont je vais rappeler les « termes. »

« *Rédiger pour les ouvriers de Lyon un opus-* « *cule où ils puissent trouver les notions qu'il leur*

« *importe le plus de posséder sur leurs intérêts* « *hygiéniques et sanitaires.* »

« *Cet écrit adressé directement aux ouvriers* « *sous une forme substantielle, et dans un style* « *qui sache les attacher, doit avoir pour principal* « *but de les éclairer sur leurs préjugés, et de les* « *mettre en garde contre les suggestions du char-* « *latanisme.* »

« Ce texte était précis, Messieurs; il ne laissait ni « matière au doute, ni prétexte à une interprétation « que nous avions surtout en vue d'éviter. En effet, « ce n'est nullement un traité, pas même un ma- « nuel d'hygiène que nous avions demandé. Ce « point forme la base de notre appréciation, com- « me il était la source où les candidats devaient « s'inspirer : permettez-moi donc une comparaison « qui, malgré sa vulgarité apparente, l'éclairera « d'un jour plus vif. Pour amener à son développe- « ment parfait une espèce animale ou végétale, « suffit-il de posséder des notions abstraites sur le « règne auquel elle appartient? L'agronome qui en- « treprend l'élève du bétail, l'amateur qui se voue « à la culture d'une collection de plantes rares, se « borne-t-il à consulter un traité général de zoologie « ou de botanique? non; il sait fort bien que le succès

« n'est qu'au prix d'études toutes spéciales : et, « vous le voyez, avide de renseignements précis, « vivant, pour ainsi dire, avec ses protégés, s'en- « quérir de leur organisation, de leurs mœurs par- « ticulières, trouver le milieu qui leur convient et « discerner les influences qui les menacent, pour « les prévenir ou les neutraliser. »

« Or, Messieurs, cette sollicitude attentive qui a « opéré tant de merveilles dans le monde de l'agri- « culture et de l'industrie, ne devenait-elle pas no- « tre modèle naturel dans la tâche sacrée que nous « poursuivons? Les soins patients, le dévouement « assidu, la pénétration admirable, qu'on voit dé- « ployer s'il s'agit seulement de mérinos ou de « camélias, devions-nous hésiter à les provoquer à « la recherche d'un but bien autrement digne d'en- « flammer le zèle des philanthropes?... Le pro- « gramme dont nous venons de donner lecture, est « notre réponse. Il montre comment nous avions « formulé l'hygiène spéciale de l'ouvrier Lyonnais : « voyons maintenant comment notre pensée a été « comprise. »

« Le nombre des Mémoires envoyés pour le con- « cours s'élève à sept; chiffre sans précédent jus- « qu'ici, ce nous semble, dans les annales de la

« Société, et qui témoignerait, à lui seul, de l'in-
« térêt attaché à la solution d'une question que les « vices et les vertus de l'humanité maintiendront « éternellement à l'ordre du jour. »

« (B) . . . .
« . . . .
« . . . .
« . . . .

« Un seul mémoire nous reste encore à examiner, « marqué du n° 5, avec cette épigraphe :

« *Sanare bonum : meliùs providere.*
« Préserver vaut mieux que guérir.

« Ici pour la première fois, nous nous sentons en « face d'une intelligence d'élite, et loin de craindre « des lacunes, notre appréhension principale serait « plutôt de la trouver supérieure à la tâche qu'elle « s'est donnée. Dominant son sujet, l'auteur ne s'est « asservi ni à l'ordre adopté, ni aux limites respec- « tées par tous ses compétiteurs. *A l'ordre;* car il « s'en affranchit d'emblée, plus capable de suivre « l'inspiration qui l'entraîne que de parcourir do-

(B) Omettant à dessein tout ce qui se rapporte à l'examen des mémoires rangés sous les nos 1, 2, 3, 4, 6, 7, nous nous bornons à reproduire textuellement l'appréciation qui a été faite du nôtre, marqué du n° 5. (*Note de l'auteur.*)

« cilement les compartiments successifs d'un ca-
« dre traditionnel. — *Aux limites;* car, seul, il tou-
« che le point de vue moral avec la largeur de déve-
« loppements, avec la hauteur de talent nécessaires
« à qui veut aborder de tels sujets dans un ouvrage
« populaire. Presque en ouvrant le manuscrit, on
« peut le dire, ce parfum inaccoutumé s'en exhale,
« puisque, dès le préambule, il se crée l'occasion,
« en définissant son sujet, de démontrer avec l'élo-
« quence la plus simple et la plus convaincante, ce
« théorème, assurément nouveau pour certaines
« oreilles, que *la pratique de la vertu est encore*
« *de l'hygiène!* »

« Cette perception toujours présente, toujours com-
« municative du sens moral, forme le trait distinctif
« du caractère de l'auteur. Et ce dont nous devons
« le plus nous féliciter, c'est que les conseils de ce
« genre prennent sous sa plume une couleur si at-
« trayante, que sans cesse reparaissant, on ne les
« trouve nulle part fastidieux ou déplacés. Tel est
« l'empire du juste noblement exprimé. — Soit
« que, à propos *de l'air*, il vante les mœurs et la
« vie des champs; — soit que, parlant *des ali-*
« *ments*, il fasse toucher du doigt à l'ouvrier que la
« *bonne chère* n'est point la *bonne nourriture;* —

« soit que, absolvant le *travail* d'accusations inté-« ressées, il montre dans cette loi de Dieu, sage-« ment réglementée, l'exercice d'une fonction nor-« male, devenant à son tour un gage de santé ; — « soit que le *mariage* lui donne lieu de proscrire « ses succédanés funestes, gouffres toujours béants « où vont s'engloutir tant de trésors de cœur et d'in-« telligence ; — soit enfin que la *morale* lui four-« nisse le sujet d'un chapitre, complétement oublié « jusqu'ici dans tous les Traités d'hygiène : partout « la religion et la vertu ont en lui un défenseur in-« trépide, sans cesse sur la brèche et presque tou-« jours victorieux ; d'autant plus utile qu'il affiche « moins de rigorisme, et que la considération des « intérêts matériels s'allie constamment au vœu de « la loi naturelle, avec une intimité qui, pour être « exempte de faiblesse, ne l'est point d'habileté. »

« *Air, aliments, travail, mariage, maladies,* « *morale,*... tels sont en effet les titres sous lesquels « l'auteur a compris la somme des avis qu'il prodi-« gue à la classe ouvrière. Cette distribution, à la-« quelle on ne saurait donner le nom de division, « offre sans doute l'avantage de laisser à l'écrivain « l'entière liberté de ses allures ; et c'est un mérite « à considérer dans une œuvre comme celle-ci,

« dont le style entraînant n'eût pas subi sans dom-« mage les coupures multipliées qu'impose l'ordre « didactique. Néanmoins, il y a là pour le lecteur, « même très-éclairé, des inconvénients notables. « Fréquemment le même chapitre contient des su-« jets fort disparates : tel le premier, qui traite à la « fois de l'air, des vêtements..... et des lieux d'ai-« sances (c). Par contre, c'est souvent, dans deux « sections éloignées qu'il faut chercher deux arti-« cles naturellement inséparables, ou le complé-

(c) Jaloux de donner au travail que je publie aujourd'hui toute la clarté désirable, et convaincu de la justesse de la critique, j'ai dû mettre tous mes soins à faire disparaître l'inconvénient qu'elle signale. Pour y parvenir, j'aurais pu sans doute traiter chaque sujet distinct dans un chapitre spécial; mais l'économie de l'ensemble eût souffert de cette multiplicité de coupures sans liaison entre elles et sans coordination possible. Au lieu de grossir le nombre des chapitres, j'ai cru préférable de diviser chacun d'eux en sections séparées de moindre importance, où les divers sujets qui se succèdent pussent figurer sans se mêler ni se confondre, et être retrouvés à leur place, n'importe par quelle classe de lecteurs, sans hésitation ni embarras. J'ai eu soin, d'ailleurs, — tout en persistant à grouper autour d'un titre général *des sujets souvent fort disparates,* — j'ai eu soin de faire toucher du doigt le lien commun qui les unit et de montrer par quel enchaînement méthodique on est conduit de l'un à l'autre. Cette nouvelle distribution a nécessité un remaniement général de toutes les parties de mon Mémoire; et je ne regretterai ni le temps que j'y ai consacré, ni la peine que j'y ai prise, s'il m'a été donné d'atteindre le but.

(*Note de l'auteur.*)

**

« ment d'un même sujet ; ainsi, les conseils sur la « chaussure, ébauchés au chapitre Ier, ne se terminent qu'au IIIe (D). Votre Commission a été « unanime pour reconnaître dans cette confusion « l'un des défauts les plus saillants, mais heureu- « sement aussi, les plus aisément réparables de cet « ouvrage. »

« On se tromperait, toutefois, si de l'appréciation « précédente on concluait que le ton général du Mé- « moire est celui d'une exhortation vague, sans dé- « termination précise de préceptes susceptibles d'ap- « plication. Ce serait pour l'auteur un reproche tout « à fait immérité; et c'est, au contraire, le trait « honorablement distinctif de sa manière que de « déduire, d'engendrer les règles de la pratique la « plus vigilante, de considérations qui, au premier « abord, auraient pu sembler beaucoup trop abstrai- « tes pour le niveau psychique de la classe appelée « à en profiter. Citons quelques exemples. S'il con- « seille de porter les mêmes vêtements, été et hiver, « c'est parce que la transition d'une saison à l'autre

(D) Cette confusion regrettable, qui tenait plus à la précipitation de la composition qu'aux nécessités de la division adoptée, aura disparu, je l'espère, complétement, dans le calme d'une révision attentive et consciencieuse. (*Note de l'auteur.*)

« est faite par la nature selon une progression in-« sensible, que nous ne saurions imiter, et qu'il « est plus sûr de subir que de vouloir suivre. — « S'il avertit de ne pas manger, sous le coup d'une « émotion vive, c'est que la vie, alors, est trop oc-« cupée ailleurs pour donner à l'estomac le stimu-« lus indispensable à son action régulière. — En « traitant des aliments, loin de se restreindre au « rôle facile d'orateur moraliste, il sait, lui aussi, « diviser viandes et légumes en classes distinctes, « suivant leurs propriétés nutritives et digestibles; « il accorde même aux substances les plus usuel-« les l'honneur d'une mention spéciale, donnant « le diagnostic différentiel du meilleur pain; pré-« férant le beurre toujours identique, s'il est frais, « au liquide lactoïde de nos cités, qui, selon le « dicton populaire, *rend mou au travail;* ne dé-« daignant point d'indiquer la direction du pot au « feu; refusant justement aux ouvriers la charcu-« terie, aux enfants la pâtisserie (du moins à dose « abusive); plaçant même un petit mot de pro-« scription contre cette ignoble *friandise* de carna-« val — dont le nom, par un hasard hygiénique-« ment providentiel, est devenu une insulte — dé-« goûtante friture de farine avariée, à moitié cuite

« dans de l'huile rance! Faisant au café, au vin, « à la bière, au thé leur juste part dans l'alimenta- « tion et le reconfort de l'ouvrier; digne enfin d'é- « loges sans réserve dans ce tableau aussi animé « que complet, s'il n'y avait laissé dans l'oubli la « naïade secourable, consolatrice des viscères affli- « gés, lyonnaise d'adoption, et que votre rapporteur « croit avoir qualité spéciale pour rappeler à sa mé- « moire (E). »

« Ce chapitre, nous le disons sans détour, est « un véritable modèle. Prohibitif sans faiblesse, « ou sagement accommodant, quand il le faut, l'au- « teur se garde d'imposer son opinion, mais fait, « sous la forme la plus piquante, un appel conti- « nuel au bon sens des braves gens qu'il veut ins- « truire; plus soucieux de frapper juste que fort, « et sachant bien que, quelque retentissantes qu'il « soit aisé de les rendre, nulles paroles ne devien-

(E) Je tenais trop à m'assurer *de l'éloge sans réserve* de l'honorable rapporteur, pour qu'à la voix du spirituel panégyriste de l'eau de Saint-Galmier je ne me sois pas empressé de réparer l'oubli involontaire échappé à ma plume, en donnant à sa naïade favorite une place distinguée dans ces pages, la place que lui assignait d'avance la haute autorité d'un patronage aussi accrédité que recommandable.

(*Note de l'auteur.*)

« nent fécondes que celles qui vont réveiller l'écho « placé dans la raison humaine. »

« Tel il se présente encore, quoique moins sou- « tenu peut-être, dans le chapitre du travail, et « dans celui qui concerne les maladies (F). »

« Mais, là où ses qualités de moralisateur du « peuple, je me trompe, de *moralisateur popu-* « *laire*, ressortent avec le plus d'éclat, c'est sur « la délicate question des rapports sexuels. Au « libertinage, à la débauche, source trop certaine « d'épuisement pour l'individu, d'abâtardissement « pour l'espèce, il oppose avec le sens le plus juste « l'état de mariage qui, excluant l'attrait de la nou- « veauté, est la meilleure sauvegarde de la santé des « époux comme du sort de leur progéniture. Là, son « langage est sérieux, digne de l'importance du « sujet, de la sainteté du rôle qu'il y prend. — Ce « n'est pas néanmoins, que parfois sa voix, qui sait « tonner contre le vice, ne devienne familière « quand elle n'a qu'à relever des peccadilles ou à « réprimer de simples tendances. Écoutez plutôt « sa disquisition charmante sur les dangers de l'a-

(F) Ces deux chapitres, entièrement refondus et corrigés avec soin, ont été l'objet d'additions importantes.

(*Note de l'auteur.*)

« mour, même platonique, entre *compagnon* et « *compagnonne* : « Les chefs d'atelier, dit-il, les « chefs d'atelier qui comprennent leurs devoirs, ne « s'y exposeront pas. A défaut de mœurs, d'ail- « leurs, l'intérêt bien entendu de leurs propres « affaires leur en fait une loi : les préoccupations « amoureuses endorment l'activité et la vigilance, « les œillades et les soupirs n'ajoutent pas un centi- « mètre à *la longueur !* »

« Ce sont là sans doute des considérations très- « acceptables en fait et en droit. Mais, dans de pa- « reils sujets, la limite est facile à dépasser. Et l'au- « teur n'en fournit-il pas un exemple dans l'indica- « tion approbative qu'il donne des moyens récem- « ment empruntés à la physiologie pour éviter toute « rencontre entre l'agent fécondant et les produits « de l'ovulation spontanée? Ne touche-t-il pas au « même écueil lorsqu'il laisse entendre que l'enfant « procréé malgré les époux, par le fait d'un rappro- « chement qu'ils avaient désiré stérile, est moins « vigoureux que le fruit d'une copulation volontai- « rement féconde (G) ? — Peut-être aussi, dans ces

(G) Sous ce blâme adouci, mais nettement formulé par l'honorable rapporteur, j'ai dû reconnaître la pensée de la commission tout entière, et dès lors, j'ai supprimé sans regret, —

« pages, d'ailleurs si entraînantes, ne se borne-t-il « pas toujours à côtoyer le terrain réservé à la re- « ligion, pouvoir suprême dont l'influence con- « court sans doute à assurer le perfectionnement de « l'humanité, mais que nous respectons trop pour « l'invoquer à titre d'auxiliaire, pour vouloir, à l'in- « star de certains publicistes, le ravaler au rôle, à « la fois abject et impopulaire, s'il est exclusif, d'un « frein social (II). »

« (I). . . . .

« . . . .

« . . . .

« . . . .

puisque cela pouvait faire suspecter mes intentions, — un conseil et une appréciation dont je n'étais pas l'auteur, mais dont je m'étais fait l'écho volontaire. (*Note de l'auteur.*)

(II) Toutes les fois que le précepte religieux m'a paru d'accord avec le précepte hygiénique, j'ai cru faire une bonne action, sans sortir de mon rôle, en signalant cet accord.

Et, considérant la religion comme un *pouvoir suprême dont l'influence concourt sans doute à assurer le perfectionnement de l'humanité*, je n'ai pu, par cette raison, me défendre de l'invoquer comme la plus haute sanction des préceptes de l'hygiène morale et le mobile le plus capable d'en assurer l'observation.

(*Note de l'auteur.*)

(I). Les réflexions qui terminent le rapport ne me mettant pas seul en cause, il m'a semblé convenable de ne pas les reproduire ici.

(*Note de l'auteur.*)

« Conformément aux conclusions de la Commis-
« sion, la Société a décerné :

« Un premier prix (*médaille d'or de* 300 *francs*)
« à M. le docteur Fonteret, de Lyon, auteur du
« Mémoire n° 5. »

HYGIÈNE

PHYSIQUE ET MORALE

DE L'OUVRIER

CHAPITRE PREMIER.

QU'EST-CE QUE L'HYGIÈNE ?

Sanare bonum, meliùs providere.
Préserver vaut mieux que guérir.

SOMMAIRE.

I. L'hygiène est le code de la santé. L'esprit chrétien, qui vit au fond de la vieille société française, pousse sans cesse cette société à l'amélioration progressive du sort des travailleurs.
II. La santé, présent de la nature, se maintient par la satisfaction légitime de nos besoins physiques et moraux. La pratique de la vertu est donc une loi de l'hygiène.

I

Riche ou pauvre, petit ou grand, affranchi du labeur de la journée ou courbé sur le dur sillon du travail, l'homme aspire à la possession de la santé.

Pour tous, la santé est la pierre angulaire qui soutient et consolide l'édifice du bonheur. Elle double le prix de tous les biens de ce monde ; et, ce qui vaut mieux, elle rend le travail facile et léger.

Sans elle, les séduisantes douceurs de la mollesse et du repos se changent en amertume ; les enivrements de la grandeur s'évanouissent ; les plus brillantes faveurs de la fortune deviennent illusoires.

Quel malheur est le vôtre, robustes soldats de l'industrie, qui demandez à vos bras le pain de chaque jour, quand tout à coup la santé vous fait défaut ! Le cœur manque à l'ouvrage aux premières atteintes de la douleur ; et, à mesure que l'aiguillon de la souffrance s'enfonce plus avant, le terrible chômage, qui tarit pour vous la source de toute richesse, se montre plus impérieux ; et, derrière lui, à votre chevet, se dresse lentement la tête hideuse de la Misère.

Si donc il existe une science amie dont les préceptes efficaces, religieusement mis en pratique, puissent concourir à la conservation et à l'amélioration de la santé, l'ouvrier, avant et plus que personne, n'a-t-il pas le plus pressant intérêt à recueillir ses enseignements pour s'en approprier les fruits?

Or, c'est précisément cette science salutaire que j'ai à cœur d'inoculer aux généreux travailleurs du sol lyonnais, et que je voudrais leur rendre familière sous le nom d'*hygiène*.

J'ai hâte de l'avouer : l'hygiène la mieux observée ne fera pas disparaître à jamais toutes les maladies qui incombent à l'ouvrier dans sa rude carrière.

La vie de l'homme est plus fragile que le roseau, et la douleur est l'apanage de l'humanité.

Mais, bien comprise, l'hygiène permettra à l'ouvrier de lutter avec avantage pour sa conservation, en lui signalant une foule de causes faciles à écarter de sa route et qui tendent à engendrer la plupart des maladies.

Faible, il s'étudiera à se garantir de ce qui lui est plus particulièrement hostile, en même temps qu'il fera un usage mieux entendu des choses nécessaires à l'existence, et il se *fortifiera*.

Fort, il apprendra qu'à dépenser sans mesure et sans frein, on use toujours trop tôt et infailliblement même une nature d'élite, et il se *conservera*.

Mieux que nous qui sommes si fiers des progrès de notre siècle, les peuples de l'antiquité avaient compris la haute portée de l'hygiène et sa merveilleuse influence.

Grâce au génie de législateurs fameux, chez eux, les préceptes de cette science étaient vulgaires et avaient force de loi. Quelquefois même, comme chez les Hébreux, ils prenaient rang parmi les prescriptions religieuses et devenaient aussi obligatoires que la prière.

Une vie plus longue, une vigueur corporelle incomparablement supérieure à la nôtre, — c'est l'histoire qui l'atteste, — étaient la récompense de si prévoyantes institutions. Que ce souvenir nous serve de leçon et d'encouragement!

Si j'exalte ici le zèle des premiers législateurs des peuples pour l'application et la dissémination des préceptes de l'hygiène, ne croyez pas que je veuille, — imitant quelques tristes détracteurs de l'organisation de nos sociétés modernes, — me faire l'écho de leurs injustes clameurs.

S'ingéniant à plaider la cause du travailleur, la vôtre, souvent ils ont exagéré, dans leurs écrits, dictés par la haine plus que par l'amour, la réalité déjà si amère de vos propres souffrances. Comme s'ils eussent pris à tâche d'enseigner le mépris de toute autorité, — de l'autorité qui est l'ordre dans les sociétés, — ils ont fait injustement remonter jusqu'à elle la responsabilité des imperfections et des misères inhérentes à notre nature.

Ils se trompaient !

Vous les avez vus à l'œuvre : quel remède ont-ils apporté à vos maux? Quel baume ont-ils versé sur vos blessures qu'ils connaissaient si bien?

Des mots sonores, des phrases creuses et retentissantes; des systèmes irréalisables, parce qu'ils ne tiennent aucun compte des passions humaines; des théories impossibles, parce qu'elles aboutissent inévitablement à la ruine d'une des plus nobles prérogatives de l'homme, la liberté : voilà ce qu'ils ont trouvé pour calmer vos douleurs, voilà ce qu'ils vous ont offert pour sécher vos larmes !

Ah ! sans doute, tout n'est pas pour le mieux dans notre belle France ! Et, en dehors de ces aspirations insensées et funestes que nous voudrions flétrir comme elles le méritent, —pour tout le mal qu'elles ont produit, — pour le sang précieux qu'elles ont fait répandre, — il est des améliorations réalisables et à bon droit réclamées par le sort des travailleurs.

Mais, à chaque jour son œuvre ; les améliorations sont filles du temps et de la nécessité ; elles naissent, se développent, se perpétuent dans le calme ; elles sont ennemies surtout des révolutions et des émeutes qui les retardent et paralysent leur essor.

Vous ne les trouverez jamais sous la plume de ceux qui, cherchant à fausser votre nature, voudraient vous apprendre à haïr.

Tournez plutôt vos regards vers ceux qui parlent sans fiel et sans colère, et attendez ; attendez avec confiance ; la société ne faillira pas à sa mission. Ce qui est dans la mesure de ses forces, elle le fera, parce qu'elle ne peut pas périr.

Il y a en elle, depuis tantôt deux mille ans, un esprit nouveau, inconnu au vieux monde païen qui s'est écroulé devant lui.

Que d'autres l'appellent philanthropie ! Je lui restitue son vrai nom : c'est l'esprit de charité.

Gardez-vous de restreindre, avec vos ennemis, l'ineffable signification de ce mot divin. Il faut les plaindre ceux qui l'ont renié, raillé, conspué ; car ils ne le comprenaient pas : *charité* veut dire *amour*.

C'est cet esprit qui, en s'infiltrant dans les veines du corps social, a renouvelé la face de la terre. C'est lui qui a inauguré pour tous les besoins, pour tous les âges, pour toutes les misères, tant d'institutions prévoyantes, nulle part aussi multipliées ni plus florissantes que dans notre admirable cité lyonnaise.

C'est cet esprit d'amour qui a inspiré la pensée première de l'opuscule que j'offre aux ouvriers de la grande ville industrielle.

Il appartenait à la Société de médecine de Lyon de leur léguer un livre substantiel, où ils pussent puiser les *notions qu'il leur importe le plus de posséder sur leurs intérêts hygiéniques et sanitaires*. Grâces lui soient rendues pour cette généreuse et intelligente initiative ! Puissé-je, travailleur obscur mais dévoué, avoir répondu dignement à son attente et à vos besoins (1).

A Lyon, autant et plus qu'ailleurs peut-être, les

(1) Ce vœu qu'exprimait l'auteur en rédigeant ce mémoire, a été comblé. La Société de médecine de Lyon, dans sa séance publique du 28 janvier 1856, lui a décerné le premier prix.

vérités les plus simples de l'hygiène sont comme si elles n'étaient pas ; l'ouvrier n'a garde de les pratiquer, parce qu'il les ignore. Bien plus, une routine aveugle, née d'incroyables *préjugés*, a pris leur place, et, les suggestions du *charlatanisme* aidant, sème de périls et de maux sans nombre une vie que le travail, réglé par une bonne entente de l'hygiène, aurait rendue longue et prospère.

Et cependant, à Lyon, mieux que dans bien d'autres grands centres industriels, la santé, cette prospérité de la vie, serait facile à acquérir et à conserver, pour la majorité des travailleurs, grâce à l'innocuité comparative de l'industrie spéciale qui y occupe plus des trois quarts de la population ouvrière.

Et quant aux ouvriers, moins bien partagés, de quelques industries plus compromettantes, qu'ils se rassurent ! Les conseils de l'hygiène, en fixant leur attention sur des influences dont ils ne soupçonnaient pas la valeur, ne pourront manquer de concourir au maintien de leur santé.

II

De patientes recherches, d'observations multipliées et authentiques, il résulte que la moitié des enfants meurent avant d'avoir atteint la huitième année de l'existence. A dater de cet âge, la vie s'affermit de plus en plus, et l'enfant qui y est parvenu peut raisonnablement espérer de vivre jusqu'à cinquante ans.

En s'appuyant sur ces données de la science, on peut donc admettre que la santé fait partie du riche bagage de la vie qu'apportent en naissant ceux qui sont destinés à devenir hommes un jour.

Savez-vous maintenant à quelles conditions s'élabore et s'entretient la plénitude de la santé? Avez-vous jamais réfléchi sur ce qui est nécessaire ou nuisible au développement parfait de ce don de la nature? Avez-vous analysé, compté les besoins multiples qui surgissent, à chaque heure de votre existence, plus ou moins apparents, plus ou moins tyranniques, mais sans cesse renaissants?

Et si vous y avez songé, si vous avez prêté l'oreille à ces solliciteurs ardents, croyez-vous que tout sera dit, que tout sera fait, pour la conservation de ce trésor tant convoité,

Quand vous aurez respiré à pleins poumons un air pur, et que vous aurez bu et mangé avec sagesse?

Quand vous aurez lavé et purifié votre corps de toutes ses souillures, et que vous l'aurez recouvert de vêtements convenables?

Quand vous aurez accordé à vos sens la satisfaction légitime qu'ils réclameront à leur tour?

Quand, enfin, après une journée de labeur, vous

aurez goûté à propos le sommeil qui doit réparer vos forces ?

Ouvriers de Lyon, je vous le demande, estimez-vous que ce soit là tout ce qu'exige de vous le maintien d'une santé qui vous est chère ?

Non. Vous le savez aussi bien que moi : il y a en vous *quelque chose* qui réclame impérieusement sa part des soins que vous vous devez, et qui, infailliblement, si vous n'y prenez garde, troublera l'harmonieux équilibre de la machine humaine.

Ce quelque chose qui vit en vous est le plus bel apanage de l'homme, le signe ineffaçable, distinctif, caractéristique de sa nature, le seul qui, à proprement parler, l'élève au-dessus de la brute : c'est *l'être moral.*

La notion du bien et du mal, gravée en traits indélébiles dans tous les cœurs, est sa plus éclatante manifestation, en même temps que sa preuve la plus irrécusable.

Et cet être a sa soif et sa faim, qu'il vous faut apaiser sous peine de décadence et de ruine, comme vous apaisez la faim et la soif de l'être matériel sous peine de souffrance et de mort.

Malheur à qui l'oublie ! car, si la paix, le calme, le contentement, le bien-être accompagnent la vertu ; le remords, c'est-à-dire le trouble, l'agitation, le malaise suivent de près la faute.

Rien n'est donc plus facile et plus simple que de conserver la santé, puisqu'elle est le prix de la satisfaction légitime de nos besoins physiques et moraux.

Oui, rien ne serait plus simple et plus facile, si l'homme n'abusait pas de sa liberté.

Mais, hélas! l'expérience des siècles est là pour nous l'apprendre : « L'homme voit le bien, il l'approuve; et, pourtant, le mal le séduit et l'entraîne.» C'est un poëte païen qui l'a dit :

. . . . Video meliora proboque,
Deteriora sequor (1).

«Je vois, écrivait saint Paul aux Romains, la loi de mes membres entrer en combat avec la loi de mon esprit. » Video autem aliam legem in membris meis, repugnantem legi mentis meæ (2).

Moralistes, philosophes, naturalistes, médecins, savants qui ont étudié l'homme, tous ont reconnu et constaté le même fait, signalé le même écueil.

Comment y échapper? C'est mon devoir de vous le dire : par la religion. Elle seule fait aimer et accomplir sans réserve ce que la morale commande.

Et, vous le voyez, en vous conviant à la pratique de la vertu, sous l'égide protectrice de la religion, je fais encore de l'hygiène.

(1) Ovid., *Mét.*, VII.
(2) Saint Paul, Épit. aux Romains, chap. VII.

CHAPITRE II.

L'AIR.

Aer pabulum vitæ.
HIPPOCRATE.
L'air est l'aliment de la vie.

SOMMAIRE.

I. Belle santé et longévité de l'habitant des campagnes : l'air est un aliment, et sa pureté explique ces bienfaits.

II. Il s'altère par l'acte de la respiration, et devient impropre à l'entretien de la santé et de la vie : terrible exemple qui le prouve. — Mesure de la quantité d'air nécessaire à l'individu.

III. Il s'altère par les émanations des corps vivants : salles de spectacle, salles de bal, *garnis*.

IV. Il s'altère par le mélange des gaz de la combustion ou du chauffage, et de l'éclairage artificiel.

V. Il s'altère par la respiration des végétaux et par les émanations odorantes des fleurs. — Distinction importante résultant de l'exposition des premiers au soleil ou à l'ombre.

VI. On ne rétablit la pureté de l'air, altérée par ces diverses causes, qu'en le renouvelant. — Conseils pour l'aération des appartements.

VII. La lumière solaire est nécessaire à l'entretien de la salubrité de l'air et de sa puissance vivifiante. — Effets remarquables de sa présence ou de son absence. — Préjugé relatif au soleil de mars et d'avril.

VIII. Effets d'un air froid et humide.

IX. Dangers des vicissitudes atmosphériques, c'est-à-dire du passage brusque du chaud au froid ou du froid au chaud.

X. Du choix des habitations. — Coup d'œil sur les vieux quartiers de Lyon. — Améliorations projetées ou en cours d'exécution. — Commission pour l'assainissement des logements insalubres. — Cités ouvrières. — Quartiers modernes. — Maisons neuves. — Appartements humides. — Loges de portier.

XI. Propreté des habitations et de leurs dépendances. — Assainissement des appartements par le blanchissage à la chaux. — De quelques abus très-criants, qui appellent une réforme radicale.

XII. Propreté du corps. — Pourquoi elle est nécessaire, et comment on la maintient: lotions et ablutions; bain tiède, bain froid. — Peut-on se baigner pendant la canicule? — Précautions propres à chaque espèce de bain. — Soins que réclament les cheveux et la barbe.

XIII. Vêtements. — Leurs propriétés diffèrent suivant la nature du tissu : appréciation de ces propriétés dans les tissus de laine, de soie, de coton, de chanvre, de lin. — Règles générales. — Transmission des maladies contagieuses par les vêtements. — La chemise. — Le corset. — Le caleçon. — La ceinture. — Les bas. — Les jarretières. — La chaussure. — Le lit.

I

Toits de chaume, frais coteaux, tièdes vallées, riant séjour des champs, dites-nous quel bon génie a fait de vos calmes retraites l'asile privilégié de la santé? Pourquoi la virilité du corps, la sérénité de l'esprit, la paix du cœur habitent de préférence dans votre sein? Pourquoi la plupart des maux qui affligent les enfants des hommes, réunis dans nos villes populeuses, vous sont inconnus? Par quel charme mystérieux vous rendez au pauvre malade, transfuge de nos cités, une vigueur qui s'en allait, une santé qui n'existait plus, une vie dont le souffle était prêt à s'éteindre?

Ah! s'il est vrai que votre influence toute-puissante ait cassé plus d'un arrêt de la Faculté, dites à ceux pour qui j'écris ces lignes, dites-leur le secret des prodiges que vous opérez.

La table du paysan est grossière; son travail, rude entre tous.

Ce n'est pas cela seul qui donne la fraîcheur à ses joues, la fermeté à ses chairs, et à tout son être cette luxuriante verdeur qu'on voit survivre à la vieillesse la plus avancée.

Ce n'est pas cela seul qui dissipe les tristesses amères, émousse les désirs trop vifs, apaise les agitations de l'âme et abrite le sentiment du bien-être contre la douleur.

Ce n'est pas cela non plus qui trace comme un cercle infranchissable à l'encontre d'une foule de maladies, restaure le convalescent à bout de forces, et ressuscite le moribond.

Il est un élément que la nature a répandu autour de nous d'une main prodigue, que nous retrouvons partout où nous portons nos pas, sur nos quais et sur nos places publiques, dans nos rues et dans nos demeures, dans l'atelier et dans la mansarde ; il nous enveloppe, il nous presse, et, à notre insu, sans la participation de la volonté, la nuit, le jour, il pénètre dans l'intime profondeur de nos organes.

Vous l'avez nommé, l'élémentdont je parle, c'est l'air qui nous environne et où nous vivons.

Voilà le génie familier de la chaumière qui opère les miracles que vous connaissez ; voilà *l'aliment* par excellence des campagnes.

Oui, l'air est un aliment, comme le pain que vous mangez, comme l'eau que vous buvez, tout comme le mets le plus exquis, ou la liqueur la plus généreuse. C'est même le premier et le plus indispensable des aliments, puisqu'il est le seul dont on ne puisse supporter la privation durant quelques minutes sans mourir.

Il est commun aux végétaux et aux animaux. Homme ou plante, tout ce qui vit *en dedans*, — c'est-à-dire tout ce qui naît, croît, se développe, se perpétue à l'aide d'un travail intérieur de transformation, — a besoin d'air, le respire, le digère et s'en nourrit.

Et pour ne parler que de l'homme, l'introduction de l'air dans la poitrine, par la respiration, concourt à l'alimentation de l'individu en épurant le sang et en l'enrichissant d'un principe conservateur (1) doué au plus haut degré de la puissance réparatrice et vivifiante.

Un air abondant et pur crée un sang pur et riche, quand bien même la nourriture serait grossière : sa pureté le veut ainsi.

Vicié ou insuffisant, il laisse le sang appauvri et altéré, alors même que l'alimentation serait recherchée et succulente.

Un bon air vaut donc mieux qu'une table splendide ; et quiconque, dans la conduite de la vie, ne perdra pas de vue cette vérité possédera la recette la plus sûre pour vivre longtemps et à l'abri de bien des infirmités et des maladies.

Mais la présence de l'homme trouble la pureté de l'air de mille façons ; et ce n'est pas une des moindres merveilles de la nature que la conservation providentielle de ce *pain de la vie*, au milieu de circonstances si multipliées qui tendent à le changer en poison.

Je n'ai pas à m'occuper ici de l'examen des causes générales qui, — en projetant sur l'atmosphère des villes leur délétère influence, — établissent une différence si tranchée en faveur de l'atmosphère des campagnes.

(1) Ce principe s'appelle *oxygène*.

A ce point de vue, l'hygiène prend des proportions immenses, et s'appelle *hygiène publique ;* et les préceptes qu'elle formule, dans l'intérêt de la salubrité d'une agglomération de quelques centaines de mille âmes sur un étroit espace, exigent, pour leur application, le concours éclairé, l'intervention active et puissante de l'autorité administrative.

Moins élevée, mais non moins grave, l'étude que nous allons entreprendre, des altérations de l'air, est une étude *d'hygiène privée*, exclusivement du ressort de l'individu, et qui réclame toute son attention.

II

Je dirai tout d'abord que l'air perd sa pureté native et salutaire par l'acte même de la respiration. Voici, en effet, ce qui se passe à mesure que l'on respire.

Appelé dans la poitrine — par un mouvement d'inspiration, — l'air s'y précipite et se dépouille de ce qu'il renferme d'essentiellement propre à la régénération du sang. Puis, il est expulsé — par un mouvement d'expiration, — non-seulement privé du principe vital qui l'anime, mais tout imprégné de miasmes volatiles et d'impuretés gazeuses, se dégageant du corps à son approche, et dont il a mission de débarrasser l'économie.

Ce double mouvement,—inspiration et expiration, — dont est composé l'acte respiratoire, — se répète environ vingt fois par minute, et communique à l'air environnant une altération profonde qui est vraie et a lieu partout où l'on respire.

Et plus il y a d'individus rassemblés dnas une même enceinte, plus l'enceinte est petite, resserrée et close, plus aussi cette altération est prononcée et funeste. Elle peut l'être au point de déterminer la mort.

Je veux vous en citer un cruel exemple.

« Cent quarante-six Anglais, assiégés en 1745 dans le fort de Calcutta, se rendent au vice-roi de Bengale et sont enfermés dans une prison de dix-huit pieds carrés, qui n'a d'autre ouverture que deux petites fenêtres garnies de fer. Avant minuit, c'est-à-dire durant la quatrième heure de leur réclusion, ceux de ces infortunés qui étaient encore en vie, et qui n'avaient pas respiré aux fenêtres, étaient tombés dans une stupidité léthargique. A deux heures du matin, six heures après la réclusion, il n'existait plus que cinquante personnes. Enfin, à la pointe du jour, la prison fut ouverte, et de cent quarante-six hommes qui y étaient entrés la veille, il n'en sortit que vingt-trois vivants (1). »

(1) M. Londe, *Éléments d'hygiène*.

Dans les conditions ordinaires de la vie, le péril n'atteint pas de telles proportions, le mal ne frappe pas avec cette foudroyante rapidité, parce que la privation d'air n'arrive jamais à ce degré.

Il est constant, néanmoins, et l'on éprouve souvent que la respiration habituelle d'un air imparfaitement renouvelé exerce la plus fâcheuse influence sur la santé, et favorise le développement ultérieur de plusieurs maladies, entre autres, de la phthisie pulmonaire.

La science a calculé la quantité d'air nécessaire à l'entretien de la respiration de chaque individu, et l'a évaluée, au plus bas, à six mètres cubes par heure. Ce qui veut dire, pour parler un langage à la portée de tous, qu'en une heure, la respiration d'un homme épuiserait l'air contenu dans une cellule sans ameublement, qui n'aurait qu'un mètre de largeur et deux mètres de longueur sur trois de hauteur.

Le renouvellement de l'air doit donc être proportionné, pour le moins, à cette évaluation, sous peine de mort. Et, dans les chambres à coucher, où l'air se renouvelle difficilement pendant la nuit, — toutes les issues étant fermées, — il en faut au moins le double.

III

Après la respiration, diverses émanations, nées de la surface du corps, répandent à leur tour dans l'air une sorte d'excrément invisible, mais réel, éminemment propre à en corrompre la pureté.

En voulez-vous la preuve? Qui de vous n'a été frappé de l'odeur repoussante, nauséabonde, qu'exhalent les lieux où se presse un grand concours de personnes? Ces émanations infectes, connues sous le nom de *miasmes*, engendrent des fièvres graves et du plus mauvais caractère.

Il faut, quand on le peut, renoncer à se nourrir de l'air qui en est saturé. Qui y songe cependant? On ne soupçonne nullement le péril; et l'on s'emprisonne gaiement, —cinq ou six heures durant,—quelquefois toute une nuit, — dans des salles de spectacle ou de bal, séjour de prédilection de ces miasmes malfaisants et d'un air imparfaitement renouvelé. Et c'est ainsi que trop souvent le plaisir de la veille prélude à la douleur du lendemain.

Mais les lieux de plaisir ne sont pas les seuls foyers générateurs des miasmes, d'où l'on puisse rapporter le germe de maladies particulières. Les *garnis* qui, pour réaliser un coucher économique, concentrent un trop grand nombre d'individus dans un étroit espace, offrent des conditions de même nature, pires peut-être ; et la fièvre typhoïde y choisit fréquemment ses victimes.

Ce triste résultat est moins encore le fruit de la misère que de la spéculation, et constitue un homicide d'un nouveau genre,—par abus de confiance,—qui appelle l'intervention et la surveillance de l'autorité.

IV

Le modeste combustible, quel qu'il soit, employé à cuire vos aliments ou à réchauffer vos membres, épuise l'air, le dessèche, et dégage, en brûlant, des vapeurs irrespirables et promptement mortelles.

La braise dite *de boulanger*, le coke même, sont considérés à tort, par beaucoup de personnes, comme pouvant être impunément brûlés à découvert dans une chambre habitée. — C'est là un des préjugés les plus fâcheux ; il donne lieu tous les jours aux accidents les plus graves ; quelquefois il devient cause de mort.

On évitera donc avec le plus grand soin de mettre des réchauds de charbon enflammé ou de braise ardente dans des appartements où le courant d'air établi n'est pas suffisant pour enlever, — au fur et à mesure de leur production, — les gaz délétères ou irrespirables qui s'en échappent.

En les déposant sous le manteau d'une cheminée douée d'un tirage convenable, on se garantit encore plus complétement de toute émanation, et, partant, de tout accident.

C'est une habitude dangereuse de fermer, avant de se coucher, — pour concentrer la chaleur dans les appartements, — la clef d'un poêle ou la trappe intérieure d'une cheminée qui contient encore de la braise allumée :

« Il est arrivé souvent que des personnes sont mortes victimes de cette imprudence (1). »

Le poêle développant beaucoup de chaleur, il est utile de tenir dessus, en permanence, un vase rempli d'eau dont l'évaporation incessante, — en rafraîchissant l'air, — aura pour effet d'atténuer cet inconvénient.

Enfin, l'humble lampe qui vous éclaire consomme aussi une partie de l'air respirable destiné à vos poumons, et donne naissance à des vapeurs insalubres. Il est hors de doute que l'éclairage artificiel quel qu'il soit, — huile ou gaz, chandelle ou bougie, — prend une part très-réelle dans les nombreuses influences qui détruisent prématurément la santé des

(1) M. Londe, *Éléments d'hygiène*.

personnes habituées à faire de la nuit le jour et du jour la nuit.

L'application de l'électricité à l'éclairage des ateliers grands et petits réaliserait un progrès véritable. Cette belle lumière, dont l'éclat rivalise avec celui du soleil, — en supprimant la fumée et les effets ordinaires de la combustion, — a seule l'avantage de ne point altérer la pureté de l'air.

La science n'a pas dit son dernier mot; elle est en bonne voie; attendons, et faisons des vœux pour que le succès couronne ses efforts.

V

Les végétaux, — arbres, arbustes ou plantes, feuilles ou fleurs, — vivent d'air, je vous l'ai dit, et dénaturent la composition de l'atmosphère à la manière de l'homme et des animaux.

Mais, tandis que les fleurs vicient l'air constamment, sans interruption et dans toutes les circonstances (1), les feuilles, au contraire, ou les parties vertes, ne produisent ce résultat que la nuit, ou à l'ombre, et jouissent de l'heureux privilége de puri-

(1) En absorbant l'oxygène et en exhalant de l'acide carbonique.

fier l'air, de l'assainir (1) tout le temps qu'elles sont soumises à l'action des rayons solaires.

Les fleurs ont encore ce désavantage qu'elles sont susceptibles, par la concentration de leurs émanations odorantes dans les appartements, de provoquer, chez certains individus, des désordres nerveux graves, des maux de tête, de l'agitation, des angoisses, des syncopes, des étouffements, des convulsions et même la mort. Les bouquets de fête, — si l'on n'y prend garde, — peuvent ainsi devenir des présents empoisonnés.

Les plantes cultivées dans des cours ou sur des fenêtres que le soleil ne visite pas, celles qui sont renfermées, la nuit, dans des chambres à coucher, sont donc nuisibles à la santé...

Les plantations de nos promenades publiques, placées dans des lieux largement accessibles au soleil, ne constituent donc pas seulement un agrément, mais une mesure d'hygiène ; et ce que je viens de dire doit faire comprendre qu'il n'est pas bon de rechercher leur ombrage après le coucher du soleil.

(1) En dégageant de l'oxygène.

VI

Voilà bien des causes capables de détruire la pureté et la salubrité de l'air, et qui se rencontrent partout où il y a un homme.

Un seul moyen vous est donné pour vous y soustraire : c'est l'aération, ou, si vous aimez mieux, le renouvellement convenable de la provision d'air nécessaire à la respiration.

L'aération ne peut être impunément négligée par personne ; mais elle devient bien plus impérieuse quand il s'agit, chose trop commune à Lyon, de logements où l'ouvrier a son atelier, sa cuisine, sa table et son lit dans la même chambre ; quand, dans cette chambre, se trouvent, par surcroît, de sombres alcôves fermées de rideaux impénétrables, d'étroites soupentes encombrées de lits qui se touchent, de meubles, de vêtements entassés les uns sur les autres, c'est-à-dire toute espèce d'obstacles propres à s'opposer au renouvellement de l'air.

Faites donc de fréquents appels à l'air du dehors, si vous ne voulez pas vous empoisonner lentement. Ouvrez largement vos fenêtres, pour qu'il ait un libre accès dans vos demeures ; ouvrez-les plusieurs fois par jour : le matin, dès que vous êtes vêtu, afin de faire disparaître promptement les souillures qu'il a contractées pendant la nuit; à l'heure des repas, pour que la respiration d'un air plus pur rende vos digestions meilleures; le soir, au moment de vous livrer au repos, afin que le sommeil vous dispense tous ses bienfaits et répare mieux vos forces.

Et que la crainte du froid ne vous arrête pas : le froid est moins désastreux qu'un air chargé de miasmes et dépouillé en partie de son élément vivifiant. D'ailleurs, quelques minutes suffisent à en opérer le renouvellement, et, pendant ce temps, il est facile de réagir par le mouvement contre l'action du froid.

Gardez-vous de calfeutrer l'ouverture inférieure de vos cheminées, dans le but d'empêcher l'introduction de l'air extérieur. Cette ouverture, combinée avec celle des portes et des fenêtres, vous fournit un ventilateur naturel très-efficace, qui emporte au loin et sans cesse les impuretés gazeuses du logis.

Dans les ateliers occupés par un grand nombre de personnes, il serait peut-être nécessaire, pour favoriser l'aération, de recourir à des procédés particuliers : le plus simple consisterait à remplacer un ou deux carreaux les plus élevés d'une ou de plusieurs fenêtres, par une toile métallique destinée à donner une issue permanente à l'air vicié de l'intérieur.

Ces conseils seront-ils compris de ceux qui, insensibles au soin de leur conservation, sont parvenus à faire de leur étroite habitation comme une autre arche de Noë, en y rassemblant, — quelquefois par paire, — des animaux de toute espèce? Qu'ils réfléchissent aux conséquences d'une imprudence semblable! Il faut à ces êtres, — quadrupèdes ou volatiles, — pour entretenir leur respiration et leur vie, — presque autant d'air qu'à l'homme, et la part qu'ils en prennent, jointe à celle qu'ils vicient de leurs émanations, est un impôt perpétuel prélevé sur le strict nécessaire de la famille.

VII

L'air est impropre à sa destination spéciale dans l'organisme s'il n'est pas vivifié par la lumière du soleil.

Cette bienfaisante lumière, que rien ne saurait remplacer, ne sert pas seulement, en éclairant les objets, à nous révéler quelques-unes de leurs qualités extérieures.

Elle est la principale cause de la coloration de la peau, qu'elle brunit, épaissit et rend plus ferme, et dont elle active les fonctions; et elle exerce en même temps sur toute l'économie une influence stimulante d'une grande importance.

Les plantes qui végètent dans des lieux sombres se décolorent, s'étiolent, se flétrissent, perdent leur consistance et ne tardent pas à périr.

Quand les chaudes excitations de la lumière manquent à l'air au milieu duquel il passe sa vie, l'homme n'est pas mieux partagé que les plantes.

La peau devient pâle, terne et bouffie ; les chairs, molles ; le sang, pauvre ; les forces, languissantes ; la vie, misérable : le carreau, les humeurs froides, les hydropisies, l'affectent de préférence.

Ces résultats se remarquent à un haut degré chez les prisonniers renfermés dans d'obscurs cachots, et les individus qui habitent les sombres rez-de-chaussée de nos rues sinueuses et étroites ou des chambres sans jour ouvrant sur des cours trop petites, vous en offrent à des degrés divers de fréquents exemples.

Mais, parmi ces malheureux, les enfants sont frappés les premiers, et l'atteinte profonde que reçoit leur santé se traduit, avec une rapidité incroyable, en d'incurables infirmités qui étouffent en eux les sources de la vie.

Un célèbre naturaliste (1) a fait l'expérience suivante :

Il a placé dans la Seine des têtards (les têtards sont

(1) M. W. Edwards.

les grenouilles non encore développées) enfermés dans deux boîtes percées de trous pour le renouvellement de l'eau, et formées, l'une de parois transparentes, pour donner accès à la lumière, l'autre de fer-blanc, pour en intercepter le passage.

La métamorphose des têtards en grenouilles s'est opérée dans la boîte transparente, tandis que, dans l'autre, deux seulement sur douze subirent la transformation à laquelle les appelait leur nature.

Cette expérience ingénieuse ne vous montre-t-elle pas irrésistiblement la réalité et la puissance du rôle attribué à la lumière solaire dans le développement légitime et complet des organes? et ne vient-elle pas à l'appui de ce que je vous ai dit des désordres qu'engendre son absence prolongée?

Laissez donc la blancheur du teint et la finesse de la peau à ceux qui ne connaissent pas le prix de la santé, et choisissez, pour vos habitations et vos promenades, pour vos enfants et pour vous-mêmes, des lieux chaudement éclairés par le soleil.

Remarquez cependant que braver imprudemment ses ardeurs expose, surtout les personnes habituellement renfermées, à une sorte d'inflammation de la peau, connue sous le nom pittoresque de *coup de soleil*.

Cette affection est très-dangereuse quand elle frappe le crâne; car, malgré la dureté de l'enveloppe, ses effets se transmettent aisément au cerveau.

Il suffit d'être prévenu de la possibilité de cet accident pour s'en garantir, soit en recherchant l'ombre de temps en temps, durant les longues promenades du dimanche, soit en ne se découvrant point inconsidérément la tête et en évitant de se coucher et de s'endormir au soleil.

Ajoutons que, grâce à l'économie admirable des lois de la nature, une habitude acquise par degrés dispense de ces précautions ceux qui, comme les sablonniers, travaillent journellement presque nus sous les feux directs du soleil le plus ardent.

La fréquence des coups de soleil aux premiers jours du printemps, c'est-à-dire à une époque où les rayons solaires sont loin d'avoir la force et l'intensité qu'ils auront plus tard, contribue à nourrir un préjugé nuisible qu'il importe de dissiper.

De même, en effet, qu'on impute à la *lune rousse* les désastres agricoles auxquels elle préside paisiblement pendant sa durée, de même aussi on a coutume d'attribuer au soleil de mars et d'avril les maux de tête, les rhumes, les fièvres, qui coïncident avec son apparition, et on l'accuse d'être malsain.

Je ne suis point assez astronome pour défendre la lune d'une imputation peut-être calomnieuse; et, le serais-je autant qu'Arago, d'illustre mémoire, les récoltes ne gagneraient guère à mon plaidoyer; mais l'action du soleil est en tout temps si utile à nos corps, que je dois repousser de tout mon pouvoir l'anathème populaire qui tend à discréditer, même temporairement, son influence.

Les premiers rayons d'un soleil printanier n'ont en eux-mêmes rien de dangereux; ils sont sains, ils sont salutaires à l'égal de ceux des plus beaux jours de l'été. Qui de nous ne s'est senti revivre sous leurs chaudes caresses? Mais justement parce que le corps en a été privé, et pour ainsi dire déshabitué, pendant six mois de froidure, l'excitation insolite qu'ils produisent à la peau, l'activité inaccoutumée qu'ils impriment au sang, ont une énergie plus grande, et le coup de soleil devient le résultat de cette transition brusque, si l'on néglige les précautions déjà indiquées contre l'insolation en général.

Quant aux autres maladies coutumières du printemps, elles naissent, pour la plupart, de la déplorable habitude de se dévêtir aux premières chaleurs, sans songer à la fraîcheur singulière des matinées et du soir, dont le retour périodique contraste si fortement avec l'élévation de température du milieu de la journée.

VIII

Si vous doutiez encore de l'insalubrité d'un air privé de lumière, réfléchissez que l'obscurité perpé tuelle donne asile à l'humidité et au froid, deux tristes hôtes qui, réunis, exercent plus de ravages que la peste et la guerre.

Un air froid et humide est malsain au premier chef, et il nuit à presque tous les individus qui y vivent habituellement.

Tout le monde sait, pour l'avoir éprouvé, qu'un air froid est plus pénétrant, plus douloureux, quand il est imprégné de vapeurs humides. A Lyon, par exemple, après une pluie d'octobre ou de novembre, l'air froid et humide qui nous frappe nous impressionne beaucoup plus désagréablement que le souffle ordinairement sec et glacial de janvier.

En tenant compte de cette sensation, nous y trouverions déjà un motif suffisant de redouter le froid humide comme un ennemi ; mais il en est bien d'autres ; son action ne se borne pas à nous causer une souffrance passagère qu'on surmonte, après tout, avec de l'énergie et de la vigueur.

On la voit, quand elle persiste, amener progressivement en nous de tels changements, que les corps même les plus robustes n'y résistent point et y contractent peu à peu de cruelles maladies. La liste en est longue : les catarrhes, les rhumatismes, les hydropisies, les maladies de la peau et des glandes, et jusqu'à celles des os, n'ont souvent pas d'autre origine et composent le lugubre cortége de cet agent de désolation.

L'exercice en plein air, des vêtements secs et chauds, des aliments substantiels, un bon feu, permettent de résister efficacement aux maladies de cet ordre qu'apportent les saisons froides et humides. Si l'humidité est inhérente au logement, ces moyens, quoique nécessaires encore, sont insuffisants, et ils ne protégent qu'à demi les malheureux contraints d'y vivre toute l'année ou d'y venir chercher seulement le repos de la nuit.

IX

L'air nous présente un danger d'un autre genre dans ses brusques alternatives, c'est-à-dire dans son passage rapide du froid au chaud ou du chaud au froid.

La première alternative, moins généralement susceptible de produire des accidents, provoque cependant quelquefois des maux de tête, des évanouissements, des crachements de sang et même des apoplexies. Cela a ordinairement lieu lorsque, après un repas plus copieux que de coutume, on va, par un temps de gelée, s'enfermer dans une salle de spectacle ou dans tout autre lieu échauffé par des poêles et par la présence d'un grand nombre d'individus.

Si l'intervalle du froid au chaud est encore plus considérable, comme lorsqu'un membre gelé est tout à coup rapproché d'un foyer, cette partie tombe en gangrène. Il faut donc, lorsqu'on donne des soins à un homme engourdi par le froid, ne pas chercher à rétablir la chaleur d'emblée, mais progressivement et en agissant à l'intérieur par quelque boisson stimulante.

Dans la seconde alternative, il y a un danger plus pressant, plus immédiat, auquel l'ouvrier est particulièrement exposé.

Qu'on quitte un lieu très-chaud pour un lieu très-froid ou seulement frais ; que, échauffé par le travail ou par une marche rapide, on se trouve subitement soumis à l'action d'un courant d'air froid, cette brusque transition cause une impression pénible, supprime la sueur et presque toujours porte une atteinte funeste à la santé.

Combien d'entre vous en font journellement la cruelle expérience ! C'est le *chaud et froid* que vous redoutez tant, et avec raison, car il est le point de départ le plus ordinaire des courbatures, des maux de gorge, des rhumes, des rhumatismes, des pleurésies et des fluxions de poitrine.

Indiquer le danger dans ces circonstances, c'est éveiller votre attention et votre vigilance sur des causes de maladie facilement appréciables, et dont, — à l'aide d'un peu de réflexion et de précaution, — on parvient à se défendre avec succès.

X

Je ne pousserai pas plus loin cet exposé sommaire des conditions diverses dans lesquelles l'air, en revêtant des propriétés capables de troubler la santé, devient la cause de tant et de si grands maux. J'espère en avoir dit assez pour solliciter et obtenir, de la part de tous, un concours ardent et éclairé dans les nombreuses circonstances que j'ai cherché à mettre en lumière, à l'aide des données de la science, et dans l'application qu'il me reste à faire de ces dernières au choix et à la tenue des habitations et à l'emploi des vêtements.

Les habitations de Lyon, comme celles de toutes les grandes villes dont l'existence remonte à une haute antiquité, sont loin d'être construites dans la position la plus avantageuse pour la salubrité.

Les vieux quartiers du centre, flanqués de maisons d'une hauteur démesurée, sillonnés de rues étroites et tortueuses, entrecoupés de passages et de cours incroyables, semblent bâtis tout exprès pour s'opposer au renouvellement de l'air, conserver l'humidité et interdire les chaudes approches du soleil.

Ceux de l'ouest, leurs aînés, sont plus mal pourvus encore : au manque d'air et de lumière dû à des causes analogues, ils joignent la présence d'une humidité plus abondante et plus persistante que partout ailleurs, provoquée et entretenue par des conditions topographiques spéciales.

Là, en effet, grand nombre de constructions assises et alignées au bas des pentes abruptes d'une colline trois ou quatre fois plus élevée qu'elles, n'en sont souvent distantes que de quelques pieds, tandis que d'autres, échelonnées sans soin sur l'inclinaison du coteau, adossent leurs froides et hautes murailles aux terres qui leur servent d'appui ; et, dans les intervalles inégaux de ces bâtiments irréguliers, règnent des terrasses exiguës, transformées en jardins où rien ne vient à souhait, si ce n'est l'eau du ciel qui n'y manque guère, et dont les lentes infiltrations dans le sol perpétuent l'humidité au sein des habitations environnantes.

Heureusement, l'importance des logements est enfin comprise, et leur influence incessante sur la vigueur, la santé et la longévité de ceux qui les occupent, n'est plus l'objet d'un inqualifiable oubli. Une partie de la vieille ville tombe en poussière sous le marteau de la démolition et fait place à des édifices moins élevés, plus espacés, à des rues plus vastes, où l'air et la lumière se répandent sans trouver d'obstacles.

Ces transformations dont vous vous plaignez, parce qu'elles vous sont onéreuses, ne sont point des embellissements superflus. Le médecin hygiéniste s'en réjouit; il les provoque, il les appelle, au risque de froisser quelques intérêts individuels, parce qu'il les considère comme des mesures d'assainissement indispensables et profitables à tous.

L'élan est donné, l'œuvre d'humanité est commencée; par la force des choses, le travail de régénération s'accomplira jusqu'au bout.

Sans doute, le bienfait de la rénovation complète des quartiers anciens ne saurait s'étendre à la fois partout où le besoin l'exige; mais la législation ne tolère plus l'existence de logements insalubres, et, conformément à une loi récente (1), le premier administrateur du département a nommé une commission chargée d'indiquer les réparations d'urgence

(1) La loi du 13 avril 1850, votée par l'assemblée législative.

immédiatement praticables dans toute habitation entachée d'insalubrité.

Cette commission, composée d'hommes capables et dévoués, a déjà témoigné de son importance par les améliorations qu'elle a obtenues dans les conditions sanitaires de plus d'une habitation lyonnaise, et elle en obtiendra bien d'autres, s'il m'est permis d'en juger d'après les excellentes considérations sur ce sujet publiées par son secrétaire, M. le docteur Passot, mon confrère et mon ami (1).

Enfin, des cités ouvrières se préparent à Lyon, comme il en existe à Paris et dans beaucoup de grandes villes de la Belgique, de l'Angleterre et de l'Amérique. Elles ont pour but d'assurer aux classes laborieuses des logements salubres, commodes et à bon marché.

S'il faut en croire des projets très-sérieux, une magnifique et monumentale construction dans ce genre doit s'élever sur la rive gauche du Rhône, en aval du pont de la Guillotière ; et des constructions semblables sont à l'étude pour la Croix-Rousse.

Outre de petits appartements clairs et bien aérés, composés d'une cuisine avec ses accessoires, d'une salle à manger à feu et d'une chambre à coucher parquetée, le même emplacement contiendrait lavoir,

(1) Voir le Mémoire intitulé : *Des logements insalubres, de leur influence et de leur assainissement*, 1851, Lyon.

séchoir, salle d'asile, école primaire et bains à bon marché. Des cours ornées de fontaines et complantées d'arbres serviraient de promenade publique (1).

Quoi qu'il en soit de ces améliorations projetées ou en voie d'exécution, l'on trouve à Lyon des quartiers privilégiés, où l'air ne manque point aux habitations ouvrières. Perrache, les Brotteaux, la Croix-Rousse vous offrent d'immenses ressources sous ce rapport.

Et, par une coïncidence hygiéniquement providentielle, le travail du tissage exigeant beaucoup de clarté, et les modifications mécaniques dues au génie de Jacquart donnant au *métier* beaucoup d'élévation, on a dû, pour répondre à de tels besoins, dans l'édification de ces quartiers modernes, augmenter la hauteur des appartements et multiplier le nombre des fenêtres : double condition éminemment favorable à l'aération et à la pénétration de la lumière.

Prenez donc Lyon comme il est, et accommodez-vous-en, en attendant l'heureux résultat des efforts qui se tentent de tous côtés. Surtout, gardez-vous d'aggraver l'insalubrité naturelle sur quelques points par une coupable incurie, par des négligences impardonnables.

(1) Extrait du *Courrier de Lyon*, 1855.

Une recommandation importante, eu égard au choix d'un logement convenable, est relative aux maisons récemment construites. Trop souvent, à peine une maison est-elle achevée, que ses divers étages sont loués et occupés. Cet usage homicide produit des invalides d'abord ; un peu plus tard, il concourt à accroître notablement et prématurément la triste population de Loyasse ou de la Madeleine.

Il n'est pas facile d'indiquer l'époque précise à laquelle une nouvelle maison peut être habitée sans inconvénient, tant il y a de circonstances qui accélèrent ou diminuent la rapidité du dessèchement. Cependant, le moins que vous puissiez faire pour votre santé, avant d'élire domicile dans une maison neuve, c'est de la laisser vieillir d'un printemps et d'un été.

« Dans les maisons anciennes, les briquetages nouvellement construits peuvent, à eux seuls, par l'humidité qui s'en dégage, exercer l'influence la plus funeste, surtout lorsque l'on couche dans un lit qui en est rapproché.

« On doit considérer, comme profondément nuisibles, les appartements qui offrent sur les murailles des moisissures; dans lesquels les tapisseries, s'il en existe, se détachent et perdent leur couleur; où les linges, renfermés dans les placards, conservent de l'humidité.

« Contre l'humidité qui se dégage des murs nouvellement construits, de ceux qui sont adossés à une terre humide, ou qui ont longtemps baigné dans l'eau, il n'est pas de préservatif possible (1). »

Si, pour les besoins de sa profession, ou pour toute autre cause, l'ouvrier doit occuper un rez-de-chaussée, qu'il le choisisse bien éclairé, plus élevé que le sol de la rue, planchéié et placé, s'il se peut, au-dessus d'une cave.

A défaut de cave, que le plancher soit plus éloigné encore du voisinage de la terre, et qu'il repose sur une couche épaisse de mâchefer et de cailloux.

Les arrière-boutiques où le jour se distingue à peine de la nuit, qui sont plus basses que le sol, qui s'ouvrent sur des rues étroites ou sur des cours encaissées par des murs de six à sept étages, ne sont propres qu'à servir d'entrepôt à des matières inattaquables par l'humidité.

Il est une autre série de logements que l'humanité devrait faire rayer du cadre des habitations humaines. Ce sont les loges de portier : réduits obscurs et humides au plus haut degré, sans aération possible, et de dimension insuffisante pour fournir à la respiration d'un seul homme la quantité d'air qui lui est rigoureusement nécessaire ; trous infects où s'entassent souvent des familles entières.

(1) M. le docteur Devay, *Hyg. des familles*.

Aussi, tandis que le père est voué fatalement au rhumatisme et aux hydropisies, les petits enfants naissent, végètent et meurent scrofuleux.

Est-il juste d'imposer à des citoyens utiles, paisibles et sans ambition, une existence pire que celle des condamnés ?

Et la société qui prend à sa charge, quand ils sont dépourvus de ressources, ses malades, ses infirmes, ses incurables, entend-elle bien son intérêt, en laissant subsister, pour un certain nombre de ses enfants, une source permanente d'intarissables maladies ?

Il n'en coûterait guère, ce me semble, au lieu de les parquer dans le fond d'une allée ou d'une cour, comme des chiens de garde, d'élever d'un étage le domicile de ces serviteurs dévoués, qui se contentent de si peu, et de leur mesurer avec moins de parcimonie l'air et la lumière, que la bonne nature ne mesure à personne.

Et, en coutât-il davantage, un immense bienfait serait réalisé, le devoir accompli, l'humanité satisfaite.

XI

Je ne parlerais pas des soins journaliers que réclame l'intérieur des habitations au point de vue de la propreté, s'il ne m'était prouvé, qu'en les négligeant, on peut faire d'un appartement sain sous tout autre rapport, un séjour dangereux pour la santé.

Ici, c'est à la ménagère, à l'économe naturel de la famille, que je m'adresse plus particulièrement. Et je sais qu'en faisant appel à son discernement, à son dévouement et à ses idées d'ordre, et sans avoir besoin d'entrer dans les mille détails que comporte le sujet, je serai entendu.

La bonne tenue d'une maison n'entraîne point une perte de temps qui puisse porter atteinte au salaire de la journée ou à des occupations non moins importantes. Elle ne coûte rien, rien qu'un effort persévérant de la volonté rendu facile par l'habitude. Et, en outre du bien-être qu'elle réalise au profit de la famille entière, elle donne au logis un air de fête qui, en réjouissant l'âme, contribue pour beaucoup à attacher le mari à son foyer.

La propreté est le luxe de ceux qui n'en ont pas d'autre; et, sans propreté, un luxe même princier n'inspirerait que le dégoût.

Je pourrais vous citer, et vous connaissez comme moi des chambres d'ouvriers qui sont de véritables modèles. Là, tout est à sa place : rien qui offusque la vue ou l'odorat, point de poussière sur les meubles, point de hardes dehors; le carrelage, lavé de temps en temps, n'a point perdu sa blancheur; les instruments de la profession, entretenus avec soin, ont un reflet de coquetterie agaçante qui provoque au travail, et la vaisselle toute reluisante de propreté revêt, à l'heure des repas, une physionomie appétissante.

La nocuité d'un appartement malpropre est flagrante, et dérive de plusieurs sources. Le désordre est complet et s'étend à tout : les débris des viandes et des légumes destinés à la table, quand ils devraient être portés tous les jours dans la rue, séjournent, s'entassent, fermentent et se putréfient dans des recoins obscurs; les eaux fétides, qui ont servi à tous les besoins de la maison, au lieu de s'écouler sans retard dans les conduites ménagées à cet effet, croupissent dans des baquets infects ; le linge et les vêtements, salis par un long usage, attendent, éparpillés sur un lit, ou gisants au fond d'une alcôve, le bienfait tardivement réparateur d'un lavage opportun ; une couche épaisse de matière sans nom recouvre les meubles, les murs, le plafond, le plancher et dérobe aux regards leur couleur primitive.

Que d'émanations nauséabondes, que de causes de maladies au sein de ce chaos ! et comment ne pas y perdre à la fois la gaieté, la vigueur et la santé !

Une pareille demeure est malsaine pour ses hôtes, et continue de l'être longtemps encore après qu'elle a cessé d'être habitée. Prenez garde de vous y installer, tant qu'elle n'aura pas été nettoyée et lavée de fond en comble, tant que le plafond et les murailles n'auront pas été blanchis.

Les miasmes ont le privilége de s'attacher à la surface des murs, de s'y incorporer, et le blanchissage à la chaux, qui a pour but de les détruire, est une opération de première nécessité dans de telles circonstances.

« La saleté, disait un écrivain du dix-septième siècle, ne vient, pour l'ordinaire, que de paresse et de bassesse de cœur (1). »

Qui voudrait encourir cette flétrissure?

La propreté des habitations, si nécessaire à leur salubrité, embrasse dans ses exigences un détail que je vous épargnerais volontiers. Mais, la répugnance qu'il inspire étant précisément la cause de l'oubli total et fâcheux dont il est l'objet dans la pratique, je ne puis m'abstenir, au moins en l'effleurant, de vous en faire sentir l'importance.

Il s'agit des exhalaisons immondes des plus viles déjections du corps humain.

Trop souvent, les lieux destinés à enfouir et à porter au loin ces immondices de la pire espèce, n'enfouissent ni ne dissimulent rien, et, créant, à chaque étage des habitations ouvrières, une atmosphère d'une intolérable fétidité, y constituent des foyers d'infection en permanence.

L'air est, en effet, altéré et par les vapeurs ammonia

(1) *Mœurs des Israélites*, par l'abbé Fleury.

cales qui se dégagent de l'urine perpétuellement épanchée sur le sol, et par le gaz hydrogène sulfuré résultant de la fermentation des matières accumulées au dehors du siége ; et ces émanations sont tout ce qu'il y a de plus impropre à l'entretien de la respiration et de la vie.

Un tel état de choses ne saurait être du goût de personne, et c'est à ceux qu'il intéresse directement de le faire cesser. Le mal vient en partie de ce que ces lieux ne sont jamais fermés. Que chaque ménage ait une clef à sa disposition, et il sera facile, avec les précautions les plus vulgaires, avec la moindre surveillance et un peu d'eau, de remédier à un désordre qui, outre ses effets pernicieux, présente quelque chose d'avilissant pour la dignité de l'homme.

Je ne voudrais pas trop approfondir ce sujet, ni vous y arrêter au delà de ce que demande l'hygiène. Mais n'est-ce pas le lieu de réclamer, au nom des mœurs et de la salubrité publique, contre l'habitude aussi honteuse qu'elle est invétérée et répandue, de satisfaire certains besoins naturels au-devant de la première encoignure qui se présente ? On ne respecte ni la façade de nos monuments, ni la devanture du boutiquier, ni la pudeur des passants, — et d'ignobles ruisseaux, en sillonnant les trottoirs qu'ils rendent impraticables, vicient journellement l'air de leurs vapeurs âcres et corrompues.

Que nous sommes loin des saines pratiques imposées à son peuple par le législateur des Hébreux !

« Tu auras hors du camp, dit Moïse, un lieu pour les besoins de la nature, et tu porteras avec toi une pique suspendue à ta ceinture. Et quand tu te seras accroupi, tu creuseras avec cette pique la terre d'alentour, et tu recouvriras les matières dont tu te seras soulagé (1). »

O Moïse, que penserait votre grande âme si, pour votre malheur, rappelé à la vie, il vous était donné d'embrasser du regard nos bas ports et les berges de nos fleuves, certaines rues de notre ville, et les allées de nos maisons !

Pour parvenir à l'extinction d'un abus si révoltant, le pouvoir de l'administration est nécessairement limité et insuffisant ; mais il est *quelqu'un* dont le concours volontaire, d'une efficacité toute-puissante et sans bornes, opérerait infailliblement, s'il était réel et sincère, une réforme radicale. Faut-il vous le nommer? C'est... *tout le monde.*

XII

Avant de parler des vêtements, il m'a paru nécessaire de m'arrêter un instant aux soins de propreté dont le corps a besoin.

(1) Deutéron., chap. XXIII, v. 12.

Car, si les vêtements sont destinés à nous garantir immédiatement des impressions chaudes, froides et humides de l'air et de ses brusques changements, — destination générale qui motive leur classement en ce chapitre, — ils ont encore pour but, sans compter les exigences de la morale, de maintenir la peau dans un bon état de propreté.

Un courte digression sur ce dernier point trouve donc ici assez naturellement sa place.

La propreté du corps est une des plus indispensables conditions pour l'entretien de la santé. Sans elle, des maladies de tout genre assiégent l'espèce humaine : je vais essayer de vous faire comprendre pourquoi.

La peau ne sert pas seulement d'enveloppe à des organes délicats ; elle n'est pas seulement chargée de nous avertir, par son extrême sensibilité, de la présence de la chaleur et du froid ; elle est aussi le principal instrument d'épuration de l'économie.

Percée, dans toute son étendue, d'une multitude de très-petites ouvertures, elle laisse transsuder du dedans au dehors un fluide particulier, gras, onctueux, destiné à lubrifier sa surface et à en entretenir la souplesse ; rejette d'autres humeurs plus ténues dont la sortie importe à la santé, et absorbe du dehors au dedans l'air, les gaz, les liquides mis en contact avec elle.

Sous l'influence de la chaleur, d'un exercice violent, de la fièvre, ces transsudations ruissellent en gouttelettes multipliées, très-apparentes, et constituent la sueur. En dehors de ces influences, elles se dégagent d'une manière insensible, sous la forme d'une invisible vapeur.

Dans de telles conditions, quel est l'effet immédiat de la malpropreté du corps? C'est de favoriser la formation et le séjour sur la peau d'un enduit plus ou moins épais qui, en obstruant les pores, les irrite, et trouble le mécanisme de leurs excrétions.

De là, des dartres rebelles; de là, des maladies de la poitrine ou du ventre; de là, des rhumatismes: interminables affections qu'on aurait pu éviter, en assurant le libre fonctionnement de la peau par des lotions journalières ou par l'emploi fréquent de bains entiers.

Une éponge imbibée d'eau, promenée rapidement chaque jour sur toute la surface du corps, suffit pour y entretenir, sans aucun frais, un état de propreté modèle. Faite avec de l'eau tiède, cette espèce d'ablution n'offre, en toute saison, pas le moindre inconvénient. Je voudrais qu'on en contractât l'habitude dès l'enfance: de cette manière, on n'aurait pas à regretter de voir tant de gens qui ont horreur de l'eau, au point de se laver à peine les mains et le visage une fois par semaine, et de ne laver jamais, quand il le faudrait faire tous les jours, les parties du corps habituellement couvertes, surtout les plus exposées à un contact compromettant.

Malgré leur incontestable utilité, les lotions que je viens de recommander n'excluent pas l'emploi du bain. Telle est, au contraire, l'importance de celui-ci qu'on ne saurait trop en préconiser les avantages. Par malheur, son prix élevé le rend presque inabordable au plus grand nombre ; et ce n'est pas une des moindres privations dont l'ouvrier ait à souffrir.

Aussi, la construction, à Lyon, d'établissements destinés à fournir, en tout temps, des bains de propreté, au prix de dix ou de quinze centimes, comme il a été question d'en créer à Paris, serait-elle une œuvre digne de tenter un grand cœur et rendrait-elle d'incalculables services.

Le bain dont nous parlons se prend tiède. La température en est convenable, lorsqu'on n'y éprouve aucune sensation pénible de chaleur ou de froid, mais un sentiment de bien-être qui engage à s'y maintenir. Il nettoie la peau ; il délasse le corps de ses fatigues et rafraîchit le sang échauffé par le travail ou par les veilles.

Pour jouir de la plénitude de ses effets, on ne peut consacrer au bain de propreté guère moins d'une demi-heure, ni trop au delà d'une heure ; et, dans cette limite, il serait convenable de le répéter une ou deux fois par mois.

Vous vous souviendrez qu'il est dangereux de céder au sommeil pendant sa durée : plusieurs cas de mort par submersion ont été le résulat de cette imprudence.

Le bain froid ou de rivière remplace avantageusement, durant les chaleurs de l'été, l'action du bain tiède ; car il est quelque chose de plus qu'un moyen de propreté.

Il accroît la force et la souplesse des membres et de tout le corps, augmente l'appétit, facilite la digestion et procure un doux et profond sommeil.

Sagement réitéré, il réveille l'activité de la peau qu'il fortifie et dont il diminue l'impressionnabilité, c'est-à-dire l'aptitude à souffrir de la chaleur, du froid et des variations brusques de l'atmosphère.

Enfin, il double de valeur, s'il est accompagné de l'exercice de la natation, gymnastique naturelle, qui, en imprimant à tous les muscles des mouvements inaccoutumés et méthodiques, est supérieurement propre à assurer leur parfait développement et le jeu régulier des autres organes.

Ces effets extrêmement salutaires le rendent digne d'être recommandé comme particulièrement approprié à la constitution générale de la population lyonnaise.

Ils se rencontrent à un haut degré dans les eaux du Rhône si remarquables par leur rapidité et par leur fraîcheur.

Ils sont plus faibles, moins prononcés, moins complets dans les eaux paisibles de la Saône.

A la suite des pluies, ces rivières se gonflent et se troublent ; chargées de débris organiques de toute sorte recueillis au loin sur le sol des cités et des campagnes, elles ont perdu pour quelques jours leur douce vertu ; et le baigneur imprévoyant ou téméraire, qui ne sait pas ou ne veut pas attendre, en rapporte souvent le germe d'une éruption furonculeuse.

Mais il est de notoriété que les crues du Rhône, seulement dues à la fonte des neiges, quoique coïncidant avec la perte de sa limpidité, n'altèrent en rien l'hygiénique influence du bain froid.

J'en dis autant de la canicule, qui, dans l'opinion irréfléchie de beaucoup de personnes, rend toutes les eaux malsaines.

Qu'est-ce, en effet, que la canicule? Rien autre chose qu'une période de jours très-chauds, les plus chauds de tout l'été.

S'il s'agissait de l'eau dormante d'une mare, d'un étang, d'un ruisseau à fond vaseux, nul doute que l'excès de la chaleur, — en favorisant la production et le dégagement de miasmes délétères sur leurs bords laissés à sec et pétris de matières végétales et animales en putréfaction, — ne puisse donner naissance à des fièvres d'accès chez le baigneur malavisé.

Bien différentes sont les conditions faites à nos deux fleuves ; leurs eaux profondes et sans cesse renouvelées défient dans leur majesté les impuissantes ardeurs de la canicule. Elles s'attiédissent sous cette influence sans s'épuiser ; et elles ne découvrent, en resserrant leur lit, qu'une innocente couche de sable ou de gravier, pure de tout élément susceptible de se corrompre.

C'est donc méconnaître et calomnier leur nature, c'est tomber dans une hérésie hygiénique monstrueuse et très-préjudiciable, que de les supposer altérables à l'apparition des jours caniculaires.

Vous ne commettrez pas cette faute, qui vous priverait de vos bains froids les meilleurs.

Avant d'entrer dans l'eau, une ablution préalable, pratiquée avec la main mouillée, sur la tête, la poitrine et les membres, est tout à fait conforme aux bons principes ; la rapide et passagère impression de froid qu'elle détermine, avertit la peau du changement de température qu'elle va subir et la dispose en quelque sorte à réagir favorablement.

Les plaisirs du bain ne feront pas oublier que l'état de nudité insolite de la peau, exposant celle-ci à l'action directe des rayons solaires, — d'où peut résulter une inflammation partielle qui n'est pas toujours sans danger, — il est prudent d'apporter quelque soin à s'en garantir.

La durée du bain froid, généralement courte, varie, selon la disposition individuelle, selon le plus ou le moins de fraîcheur de l'eau, depuis dix jusqu'à trente et quarante minutes. Pour quelques natures d'élite, elle peut se prolonger exceptionnellement pendant des heures entières.

Au début de l'immersion, on éprouve un léger frissonnement qui ne tarde pas à se dissiper et fait place à un sentiment de chaleur, de vigueur, de bien-être, —indice assuré d'une réaction suffisante de la vie; — puis, au bout d'un temps plus ou moins long, le froid tend à reparaître.

Il ne faut jamais, pour sortir de l'eau, dépasser le moment où ce second frisson commence à se faire sentir.

Si l'on veut demander aux bains de rivière autre chose que l'entretien habituel de la plus vulgaire propreté, si l'on en attend un supplément durable d'énergie, une résistance plus grande aux causes ordinaires de maladies, je ne crois pas que leur nombre, dans la saison convenable, puisse être limité à moins de deux par semaine. Heureux les mortels favorisés qui, libres de secouer le poids des affaires, peuvent doubler ce nombre!

Quel que soit le bain auquel le goût ou la nécessité vous convie, froid ou chaud, il importe, — sous peine des plus grands périls, — qu'il soit distant de trois heures au moins du dernier repas; et, — si le corps est trempé de sueur ou en proie à une vive sensation de froid, — que l'immersion soit retardée jusqu'à ce que la vie ait, en rétablissant la chaleur normale, repris la plénitude de son empire.

Enfin, il est d'expérience qu'on ne court aucun risque d'indigestion à prendre des aliments, si le besoin l'exige, pendant la durée du bain; et il est de règle, qu'au sortir de l'eau, on se hâte, à l'aide de linges secs, de faire disparaître de la surface du corps toute trace d'humidité.

Les poils, les cheveux et la barbe ne sont point un obstacle aux exsudations humorales que nous avons signalées plus haut, et qui ont la peau pour siége et pour instrument. Il paraît même que les mouvements dépuratoires, dont ces exsudations sont l'expression, ont une activité plus grande dans les régions abondamment pourvues de productions pileuses. Ces dernières ne sauraient donc, sans inconvénient, — j'ai presque dit sans danger, — rester étrangères aux soins de propreté qui nous occupent, quand elles n'y auraient pas droit d'ailleurs à un autre titre, comme étant un ornement naturel, justement estimé.

L'action journalière et très-modérée du peigne et de la brosse, jointe, si cela est nécessaire, à quelques lotions tièdes d'eau pure ou savonneuse, suffit aux exigences d'une toilette avouable, économique et bien entendue. Et, mieux que toutes les pommades, ces simples soins entretiennent la beauté et assurent la conservation de la chevelure, qu'aucun cosmétique, même le plus en vogue, n'a le pouvoir de faire repousser.

Et, pour le dire en passant, c'est se tromper que de croire qu'on arrête la chute des cheveux en les coupant très-courts ou en les rasant. S'ils sont tombés après une maladie, ils repoussent d'eux-mêmes dès que l'économie a réparé toutes ses pertes. Si leur chute survient dans l'état de santé, par suite d'une altération du cuir chevelu, ils ne repoussent ordinairement pas.

En réfléchissant que la présence des cheveux et de la barbe préserve du chaud et du froid les parties sous-jacentes, il est facile de comprendre qu'on ne doit pas, au gré de la mode ou de la fantaisie, les porter alternativement très-courts et très-longs ; ni s'en dépouiller brusquement à l'entrée de l'hiver, pendant sa durée, surtout par un temps froid et humide, encore moins au sortir d'une longue maladie.

Des rhumes de cerveau, des douleurs d'oreilles,

des maux d'yeux, de dents, de gorge, un gonflement des glandes du cou, d'autres accidents plus graves ont été plus d'une fois le résultat de cette pratique imprévoyante et vicieuse.

XIII

Les vêtements le plus habituellement en usage sont de laine, de soie, de coton, de chanvre ou de lin.

Destinés, nous l'avons dit, à nous garantir des impressions chaudes, froides et humides de l'air, et de ses vicissitudes, ils remplissent cette indication, soit en retenant à la surface du corps la chaleur qu'il produit, soit en abritant la peau contre la chaleur extérieure ou contre l'humidité.

On doit donc s'attendre à voir varier leurs propriétés, suivant qu'ils reçoivent et abandonnent l'humidité ou la chaleur avec plus ou moins de facilité, et, par conséquent, suivant la nature de la matière dont ils se composent. Sous ce rapport, il existe, entre les divers tissus, de très-grandes différences.

La laine ne se laisse pénétrer aisément ni par la chaleur, ni par l'humidité, et elle ne cède l'une et l'autre que très-lentement. C'est pour cela que les vêtements de laine sont réputés les plus chauds, et que, tout imprégnés de sueur, ils peuvent sécher sur le corps sans se refroidir.

Les pelleteries et les fourrures, partage à peu près exclusif du luxe et de l'opulence, sont encore plus chaudes que la laine.

La soie ne vient qu'après ce dernier produit. Elle est surtout d'un grand secours lorsque, pour obtenir beaucoup de chaleur, on veut donner de l'épaisseur aux vêtements, sans en augmenter le poids. Alors on ouate la soie, c'est-à-dire qu'on interpose entre deux pièces de cette étoffe une couche de coton cardé et qu'on l'y fixe en la piquant.

Les tissus de coton, de chanvre, de lin, constituent les vêtements les plus frais, parce que, s'échauffant vite et se refroidissant de même, ils laissent s'échapper plus librement du corps la chaleur qui en émane. Et, comme ils s'imbibent facilement des humidités de la peau et s'en débarrassent rapidement, leur contact, quand ils sont mouillés, cause une impression de froid sensible et fréquemment dangereuse.

Toutefois, cet inconvénient est remarquablement moindre dans le *calicot* que dans la toile; et le *calicot* est aussi un peu plus chaud que cette dernière.

Ce modeste privilége devrait suffire pour que la chemise de coton fût employée de préférence à celle de chanvre ou de lin par ceux qui transpirent beaucoup ; d'autant plus qu'en dépit du préjugé le coton n'est pas moins sain que ses deux rivaux.

Les vêtements ne doivent être ni trop larges, ni trop serrés.

Les plus légers et les plus frais semblent mieux appropriés aux besoins de l'été ; les plus épais, les plus lourds paraissent mieux convenir aux exigences de l'hiver. Et, cependant, s'habituer à des vêtements de même nature, pour toutes les saisons, et être toujours chaudement vêtu, serait préférable sous notre climat changeant, et mettrait plus efficacement à l'abri des brusques mutations de température si fréquentes, à Lyon, dans la même journée.

Il ne faut jamais laisser sécher sur soi les vêtements mouillés ; et il n'est pas toujours prudent d'endosser des vêtements ayant servi à d'autres personnes, à moins qu'ils ne soient susceptibles d'être lessivés. Vous voilà avertis qu'une emplette inconsidérément faite chez le fripier peut donner naissance à une maladie contagieuse. On a vu la gale et la teigne, en particulier, se communiquer de cette manière ; et c'est, avouez-le, payer le bon marché un peu cher !

La chemise, qui est le vêtement indispensable, ne doit pas prolonger son service au delà de la huitaine, parce qu'elle se charge de toutes les émanations corporelles ; encore est-il nécessaire, pour la nuit, de la remplacer par une autre, afin que l'exposition à l'air libre la débarrasse quotidiennement des souillures acquises.

Quand elle est trempée de sueur, comme elle se refroidit en séchant, il est indiqué d'en changer. Que de maladies ferait éviter une précaution si simple ! Malheureusement, elle est souvent impraticable à l'ouvrier. Beaucoup d'entre eux se livrent à des travaux pénibles qui déterminent une transpiration abondante, et sont, en ce moment, forcément exposés au contact d'un air froid. Le gilet de laine ou de flanelle, porté sur la peau, est, dans ce cas, le meilleur et peut-être le seul préservatif du refroidissement.

Un danger assez commun à l'âge de l'adolescence résulte de l'abus que font du corset les filles qui ont des prétentions à la finesse de la taille.

Elles savent d'instinct qu'elles doivent plaire à l'homme, et, dans l'impatience du succès, elles nuisent, par l'exagération, à la régularité de leurs agréments extérieurs.

La constriction circulaire qu'elles s'infligent, par des corsets trop serrés immédiatement au-dessus des hanches, pour parvenir à montrer une taille de guêpe, n'est point en harmonie avec la beauté réelle des formes ; et, de plus, elle trouble profondément, — quelquefois d'une manière irrémédiable, — les fonctions essentielles de la digestion et de la respiration.

Triste conséquence d'une coquetterie mal entendue! Il n'en faut souvent pas davantage pour altérer la meilleure constitution, et pour rendre une jeune fille, naguère pleine de santé, bossue ou poitrinaire.

« Nous nous moquons, nous autres civilisés, de cette mode bizarre des Chinois qui veut qu'une femme ne soit aimable que si elle a les pieds assez petits pour entrer dans la pantoufle d'un enfant de six ans. Nous rions dédaigneusement de leurs ridicules efforts pour serrer les pieds des filles dès le bas âge, et empêcher qu'ils ne prennent tout leur accroissement (1). »

Et nous ne songeons point qu'en applaudissant de la voix et du geste à l'étranglement absurde et désordonné de la taille, nous nous rendons coupables, à notre tour, d'une folie semblable à celle que nous blâmons dans les autres!

Au résumé, si la mode impose le corset aux femmes, la raison n'en proscrit que l'abus : elle veut qu'il ne ressemble pas à une armure de fer roide et inflexible; qu'il soit, au contraire, souple, élastique et douillet, qu'il se moule exactement sur les contours naturels, et non que le torse se modèle sur une forme arbitraire et préconçue; elle veut enfin qu'en aucun cas il ne soit trop serré.

(1) Tourtelle, *Hygiène*.

Le caleçon, que je voudrais voir plus en faveur, et qui serait renouvelé aussi fréquemment que la chemise, a l'avantage de concourir à l'entretien de la propreté du corps. Car, le pantalon, perméable à la poussière, s'en imprègne et en garde toujours assez, malgré l'emploi du fouet et de la brosse, pour salir la peau.

Cette espèce de vêtement serait encore plus utile aux femmes. Et je le leur conseille non-seulement comme instrument de propreté, mais pour se mettre à l'abri des intempéries de l'air et des saisons. J'ai peine à m'expliquer qu'il ne soit pas jusqu'ici devenu une pièce obligée de leur toilette, quand je songe à l'ampleur du bas de la robe et à la facilité avec laquelle l'air doit s'y introduire. Sans doute, l'habitude est une seconde nature; qui oserait soutenir cependant que certaines suppressions ne peuvent pas être la conséquence de cette demi-nudité ?

La ceinture, dont se servent les ouvriers qui se livrent à de grands efforts musculaires, fournit aux muscles des reins un point d'appui solide et propre à doubler leurs forces. Mais, comme elle comprime en même temps la cavité du ventre, elle a l'inconvénient grave de favoriser la formation des hernies.

Les bas de laine conviennent aux faibles, à ceux qui ont habituellement de la sueur aux pieds, ou qui travaillent sur un sol humide.

La jarretière doit être élastique, peu serrée, et se placer au-dessus du genou. Portée au-dessous, trop serrée, ou faite d'un tissu inextensible, elle gêne davantage le cours du sang qui revient des extrémités au cœur, et donne naissance à des varices (*veines cassées*).

Trop étroite ou trop large, la chaussure occasionne des cors et des durillons.

L'invention de la semelle à haut talon n'est pas heureuse. En obligeant celui qui est debout à se tenir sur la pointe du pied, elle rend la marche mal assurée, pénible, disgracieuse, expose à des faux pas, et, par suite, aux entorses et aux luxations.

Les sabots, par leur inflexibilité, sont peu favorables à la progression. Mais ils rachètent bien ce désavantage insignifiant pour le travailleur rivé en quelque sorte à l'atelier, en isolant les pieds du sol, et en les préservant du froid et de l'humidité, mieux que ne le pourrait faire toute autre chaussure.

Un mot sur le lit, pour compléter l'ensemble des prescriptions hygiéniques relatives aux vêtements.

Le temps qu'on y passe, le repos qu'on y vient chercher justifient et rendent obligatoires les soins minutieux et spéciaux dont il doit être l'objet.

Un sommier élastique et un simple matelas de laine ou de crin forment un bon lit. Tout autour de celui-ci, un espace de quelque trente centimètres, laissé libre, doit permettre à l'air de circuler et de se renouveler aisément. Surtout, qu'après votre lever, il reste découvert assez de temps pour se dépouiller complétement des impuretés contractées pendant la nuit.

Les draps seront renouvelés une ou deux fois par mois; les couvertures, secouées tous les jours et lavées de loin en loin; les matelas, assainis chaque année par le cardage de la laine et par le lavage de l'enveloppe.

CHAPITRE III.

LES ALIMENTS.

Alimentum, minimè alimentum.
HIPPOCRATE.

On ne vit pas de ce qu'on mange, mais de ce qu'on digère.
ADAGE.

SOMMAIRE.

I. Nécessité d'une bonne nourriture. — La vie à bon marché est un des besoins et une des préoccupations de notre époque.

II. Bonne nourriture n'est pas synonyme de bonne chère. — La première a pour fondement la simplicité, qui n'exclut pas la variété.

III. Mesure et nombre des repas. — Excès en plus ou en moins, nuisibles tous les deux.

IV. De quelques conditions propres à influencer la digestion.

V. Importance de la conservation des dents, au point de vue de la digestion. — Soins qu'elles réclament.

VI. Du tabac, et de son action sur les glandes salivaires, et, par suite, sur la digestion. — Son usage immodéré mène à l'ivrognerie.

VII. Le pain. — Le plus blanc est celui qui nourrit le moins : preuves.

VIII. La viande. — Les ouvriers qui en usent largement sont plus forts et font plus de besogne que les autres. — Rôtie, elle nourrit davantage que bouillie. — Deux sortes de bouillon. —

Viandes salées. — Viandes blanches. — Œufs, cerveau, foie, boudin. — Du maigre.
IX. Du poisson.
X. Les légumes. — Utilité de leur association avec les viandes. Deux classes : les farineux, les herbacés. — Pomme de terr , légumes secs, châtaignes, pâtisserie.
XI. Les fruits. — Ne donnent pas leflux de sang, quand ils sont bien mûrs. — Abricot, melon, ne sont ni malsains ni fiévreux. Amandes douces, noisettes, noix. — Amandes amères sont un poison. — Chocolat. — Fruits secs, fruits aqueux, confitures. — Noyaux de fruits, causes d'accidents graves.
XII. Le lait, le beurre, le fromage.
XIII. Assaisonnements. — Convenance et danger. — Huile, graisse, beurre. — Sucre, sel, vinaigre, poivre, etc.
XIV. Les boissons. — Est-il dangereux de boire froid, le corps étant trempé de sueur? — L'eau. — Le vin. — La bière. — Les boissons dites *hygiéniques*. — L'eau de Saint-Galmier. — L'eau-de-vie et autres liqueurs fortes.
XV. Ivresse et ivrognerie.
XVI. Le café et le thé.
XVII. Ustensiles de cuisine.

I

Après l'air, ce sont les aliments qui ont la plus large part d'influence sur la santé.

Appelés dans l'estomac par une sensation naturelle, la faim ; destinés à subir dans ce laboratoire vivant un travail de digestion qui les transforme et les approprie à nos besoins, les aliments ont pour but la nutrition ; c'est-à-dire qu'ils servent à la réparation et au renouvellement du sang, *cette chair coulante* qui est partout, et dont est faite la contexture de nos organes.

Indispensable à l'entretien de la vie, à l'accroissement du corps et à la restauration des forces, l'emploi des aliments réclame de la part de l'ouvrier des grandes villes une attention spéciale.

Car, si j'ai pu dire avec vérité qu'il serait plus facile de se passer d'une bonne alimentation que d'un air salubre, — témoin la belle santé du paysan, généralement fort mal nourri, — il n'est pas moins certain aussi que l'usage d'une bonne nourriture double la valeur reconstituante et réparatrice de l'air embaumé des campagnes, — leurs habitants gagneraient à le savoir, — et devient d'une absolue nécessité dans nos cités brumeuses, où l'air respirable ne présente jamais les conditions de salubrité les meilleures.

Quels sont donc les éléments d'une bonne nourriture, pour celui qui se livre à des travaux manuels, sous le ciel humide et variable de Lyon?

Grosse question, embarrassante à résoudre en face d'un salaire parfois trop restreint !

Question de vie ou de mort cependant, pour l'homme qui dépense assidûment dans le labeur de chaque jour tout ce que la nature lui a départi de forces vives !

Mais je l'aborde avec confiance, sachant que je

parle à des hommes laborieux, économes et moraux entre tous; et que ces trois vertus réunies, moralité, économie, travail, entrent pour beaucoup dans la solution de cette grave question.

Je l'aborde avec confiance, parce que la *vie à bon marché* est un des besoins de notre époque; et que ce besoin, mieux senti par suite du surenchérissement progressif des denrées de première nécessité, tend à devenir une des préoccupations familières de quelques esprits d'élite.

Déjà, les sociétés alimentaires qui, en ce moment même (1), s'établissent et se fondent dans les quartiers les plus déshérités de la fortune, sont une expression et une preuve de ces tendances salutaires.

Déjà, la vente sur nos marchés du pain à prix réduit, la vente à la criée et au détail des viandes, du beurre, des œufs, du poisson, révèlent des tendances semblables et constituent un nouveau pas, un nouvel essai dans des voies analogues.

Enfin, en abaissant ou en supprimant les droits à l'entrée sur le bétail étranger, sur le blé, sur le vin, sur les huiles, le gouvernement vient de prendre une mesure de haute prévoyance, destinée à faciliter et à augmenter la consommation de ces denrées de première nécessité, parmi les classes laborieuses.

(1) Juillet 1855.

On ne s'en tiendra pas là ; on ne s'arrêtera pas avant d'avoir atteint le véritable but, qui est de donner à l'ouvrier la *vie à bon marché*.

II

J'éprouve un sentiment de satisfaction bien naturel à vous dire, pour entrer dans mon sujet, que la bonne nourriture n'est pas la *bonne chère*.

La bonne chère, qui se vend au poids de l'or, consume avant le temps les imprudents qui s'y livrent.

Ecoutez ce qu'en disait, il y a quelque cent cinquante ans, un illustre et savant personnage (1), bien placé pour en apprécier les résultats, puisqu'il appartenait au grand monde de la riche et gastrolâtre Angleterre :

« Lorsque je vois ces tables à la mode, couvertes « de toutes les richesses des quatre parties du monde, « je m'imagine voir la goutte, l'hydropisie, la fièvre. « la léthargie et la plupart des autres maladies cachées « en embuscade sous chaque plat. »

De nos jours, la bonne chère recèle les mêmes dangers. Elle use et ruine la santé et la vie ; elle dégrade le cœur et l'intelligence.

(1) Addison.

Loin donc de nous en plaindre, félicitons-nous de ce résultat comme d'un bienfait de la nature, qui n'a pas voulu que la conservation de la santé exigeât un luxe d'aliments hors de la portée du plus grand nombre.

La meilleure nourriture résulte du choix d'un petit nombre d'aliments simples, préparés simplement, et dont il faut cependant avoir soin de varier l'usage.

Le pain, la viande et le vin en forment la base essentielle.

Le poisson, les œufs, les légumes, le fromage, quelques fruits en sont tour à tour les auxiliaires plus ou moins indispensables.

Préparés et assaisonnés convenablement, pris avec modération, ils suffisent au parfait entretien et à l'entière réparation des forces.

La variété dans le choix des aliments est un précepte général, à l'observation duquel on est d'ailleurs instinctivement conduit, et auquel il faut savoir se conformer, non-seulement afin de prévenir la satiété et le dégoût, mais encore dans l'intérêt bien entendu de la nutrition : c'est une vérité reconnue que les matières alimentaires se complètent l'une par l'autre, et que la vie se soutient mal quand il lui est interdit de leur faire un appel alternatif.

Mais l'expérience, l'habitude acquise, l'appétence même qu'on éprouve pour tel ou tel aliment doivent être sérieusement consultées. Ces diverses circonstances imposent, en bonne hygiène, des règles d'un ordre supérieur à tous les préceptes, aussi impérieuses que sûres, et qu'on ne peut, dans la pratique, braver sans témérité, ni enfreindre sans péril.

III

Il n'est pas possible de déterminer avec exactitude la quantité d'aliments qui convient à chaque individu. La nature dit à chacun quand il a assez mangé ; la faim fait connaître s'il en faut davantage, et, par l'état de bien-être ou de malaise qui suit les repas, il est facile de juger si l'on est dans la bonne voie.

Ce n'est jamais le raisonnement, fondé sur l'évaluation des pertes que nous avons faites ou que nous devons faire, qui doit régler la mesure de notre alimentation. La faim est, en cette matière, un juge plus impartial et un guide à peu près infaillible.

Je tiens en grande estime l'antique et vénérable usage des trois repas, tel qu'il s'est conservé à Lyon, surtout parmi les ouvriers ; et d'après lequel les aliments les plus résistants sont réservés pour le milieu de la journée ; tandis qu'aux deux limites extrêmes de celle-ci, le potage, préparation de digestion facile et suffisamment confortable, occupe une place conforme aux vrais besoins et aux bonnes traditions.

Cette régularité, très-recommandable dans la distribution des repas, et cette juste mesure dans la quantité d'aliments à ingérer, n'excluent pas irrévocablement toute espèce d'infraction. Commandés par différentes circonstances de la vie sociale, certains écarts peuvent quelquefois être permis et servir même utilement à remonter les ressorts de la machine, mais c'est à la condition qu'ils ne seront ni trop grands, ni fréquents, et qu'ils ne dégénéreront jamais en orgies (1).

En général, lorsque l'ouvrier pèche dans le manger, c'est moins souvent par l'excès que par la mauvaise qualité des aliments. Il apportera donc une grande attention à tout ce qui, dans la suite, aura trait à celle-ci.

Mais il y a deux sortes d'excès : l'un en plus, l'autre en moins.

Le premier, plus rare chez l'ouvrier, indigère ; et l'indigestion répétée, en troublant sans cesse l'action de l'estomac, détraque à la fin la machine tout entière.

L'excès en moins, ou l'insuffisance de la nourriture, est plus sûrement préjudiciable encore à la santé, et se rencontre plus fréquemment dans la vie de l'homme de labeur qui gagne peu.

(1) Tourtelle, *Hygiène*.

A ce sujet, je ferai remarquer aux chefs d'atelier et aux pères de famille que les enfants et les jeunes gens doivent manger plus souvent que les personnes d'un autre âge. Car les digestions sont d'autant plus actives; le besoin d'aliments d'autant plus pressant, que la période de croissance est moins avancée. Un quatrième repas est, pour ces organisations besogneuses, un supplément indispensable à leur complet développement.

Instituée conformément à cette observation, l'alimentation des apprentis assurera aux maîtres, mieux que ne le feraient les réprimandes, le parfait accomplissement de la *tâche*, et formera, pour l'avenir, des ouvriers valides.

Malheur au maître qui s'obstinerait à méconnaître ce besoin de la nature! ses apprentis lui devront une santé chancelante, peut-être une mort prématurée!

Ici, la spéculation serait plus qu'une faute; elle serait un crime de lèse-humanité.

IV

On ne vit pas de ce qu'on mange, mais de ce qu'on digère, a dit un vieil adage très-sensé.

Le dicton populaire qu'*il faut manger pour vivre* n'est donc pas juste; et il a fait trop de victimes pour que je ne le signale pas comme une témérité dangereuse.

Les bonnes digestions seules entretiennent la vie, et éveillent ce sentiment de satisfaction qui suit toute réfection légitime et opportune, et qui est un des cachets de la santé.

La connaissance des conditions capables d'exercer quelque influence sur cette fonction essentielle vous intéresse donc à un haut degré, et se gravera dans votre mémoire.

La faim, qui doit régler la mesure et le nombre des repas, est aussi le principal élément d'une digestion vraiment réparatrice. Ne mangez jamais sans y être convié par cet aiguillon salutaire.

Se livrer à des travaux fatigants ou de corps ou d'esprit immédiatement après le repas, nuit à l'élaboration convenable des aliments. L'estomac est jaloux, quand il digère, du travail des autres organes, parce que ce travail simultané distrait des forces dont il a besoin et le frustre de leur concours au détriment de son œuvre; si vous méconnaissez cette solidarité merveilleuse, il se plaindra à sa manière, par un gonflement pénible et douloureux, par des renvois, par des aigreurs, par des bouffées de chaleur au visage, par des maux de tête, et il fera de la mauvaise besogne. Une demi-heure de relâche après le repas suffirait à le mettre en belle humeur et préviendrait le développement de ces accidents, point de départ incompris de plus d'une gastrite rebelle.

Différez de vous mettre à table quand vous êtes sous le coup d'une violente émotion ou d'une fatigue excessive. Dans ces circonstances rares, où l'appétit même fait défaut, l'estomac a perdu le ressort qui l'anime; la vie est trop occupée ailleurs pour le lui rendre d'emblée : différez jusqu'à ce qu'elle ait eu le temps de rétablir l'harmonie et le calme.

Certains estomacs, irréprochables d'ailleurs, et d'une capacité éprouvée, sont privés de la faculté de digérer certaines substances, très-saines cependant, très-digestibles même pour le commun des mangeurs, et de dangereux mécomptes les attendent, dans l'exercice de leurs fonctions, toutes les fois qu'ils méconnaissent cette limite mystérieuse imposée à leur généreuse ardeur.

C'est ainsi que le lait, les choux, les oignons, les melons, le veau, par exemple, causent à certaines personnes des indispositions plus ou moins graves, — des *dérangements*, comme on les appelle, — que n'expliquent ni la nature de l'aliment ni un état maladif quelconque.

Nous voyons dans ce fait une *incompatibilité* bizarre, qu'une maladie ou les changements apportés par l'âge peuvent bien quelquefois faire disparaître, mais qui, le plus souvent, dure toute la vie; et, en la signalant, nous supplions ceux qu'une expérience personnelle aura suffisamment éclairés et convaincus, de se résigner courageusement, dans l'intérêt de leur digestion présente et future, au sacrifice que leur commande cette tyrannique incompatibilité.

Mâcher longtemps les aliments est un précepte gastronomique de haute portée. Mais, pressé par l'heure, l'ouvrier se met souvent peu en peine de l'observer ou d'y contrevenir, et avale volontiers, comme on dit, les morceaux sans les mâcher. Cette habitude est des plus contraires au travail de digestion qui doit suivre, l'estomac ne digérant bien et sans fatigue que des aliments suffisamment triturés et imprégnés convenablement par la salive. De fréquentes indigestions dans le commencement, des maladies plus graves dans la suite, dérivent à peu près nécessairement de l'avidité et de la précipitation avec lesquelles on mange.

V

Sans parler de la beauté, dont elles constituent un élément fort apprécié, les *dents* touchent de si près au mécanisme de la nutrition, qu'il n'est pas permis d'en abandonner le soin aux caprices de l'ignorance et du hasard.

Elles sont comme la cheville ouvrière de toute bonne digestion; et leur intégrité, dans un corps sain, chez un homme sage, vaut un brevet de longévité. Ceux qui les ont mauvaises, ceux qui n'en ont plus s'indigèrent souvent, se nourrissent mal toujours, et ne fournissent jamais une longue carrière.

Il ne faut donc pas s'en priver avant le temps par des habitudes ou par des négligences coupables.

Les faire servir à briser des corps durs, des noyaux de fruit, par exemple, ou à soulever de pesants fardeaux, dans je ne sais quel but d'ostentation inimaginable, c'est attenter à leur conservation de la manière la plus inintelligente et en même temps la plus injurieuse à leur éminente destination.

Apprêtez-vous plutôt à les défendre contre des ennemis plus insidieux.

Le plus infatigable de tous dans ses attaques répétées, c'est le tartre, espèce d'enduit solidifiable, formé par le dépôt des sels de la salive et des humeurs de la bouche, dans l'intervalle des repas.

En l'enlevant chaque jour à l'aide d'une brosse molle trempée dans de l'eau pure, on prévient ses ravages.

Si on néglige cette petite opération, si on laisse séjourner ce limon parasite, il durcit, s'incruste à la base des dents, s'accumule dans leurs interstices et finit par encroûter leur surface tout entière. Hâtez-vous alors de le faire disparaître, en le détachant doucement, patiemment, avec la pointe émoussée d'une petite lame d'acier; car, à la longue, sa présence déchausse les dents et les ébranle, engorge les gencives et y entretient un suintement purulent et fétide. Quel ornement qu'une pareille denture! et quels services en attendre!

Le froid ne lui est pas moins hostile; son impression subite sur la tête couverte de sueur, la mauvaise habitude de garder une chaussure humide, des vêtements mouillés, de porter alternativement la barbe ou les cheveux très-longs ou très-courts, ont fréquemment pour résultat des fluxions et des névralgiesdentaires, et sont, pour ces petits os, des causes de destruction fort actives.

Si vous buvez frais, gardez-vous de l'usage absurde qui prescrit de boire de suite après l'ingestion d'un potage brûlant; boire en fumant ne vaut guère mieux : dans les deux cas, les impressions de chaud, de froid, en se succédant brusquement sur ces organes d'ailleurs très-sensibles, doivent y produire les plus pernicieux effets.

VI

L'influence spéciale et considérable qu'exerce le *tabac* sur la salivation, et, par suite, sur la digestion, m'engage à placer ici quelques considérations relatives à son emploi.

L'hygiène en défend-elle l'usage? J'estime que je perdrais un temps précieux à discuter une semblable proposition, ou que je blesserais votre goût sans profit, si je concluais simplement pour l'affirmative.

Le tabac est un de ces stimulants âcres dont il est facile de médire, mais dont l'organisation et les mœurs de l'habitant des villes semblent lui faire éprouver le besoin.

Peut-être combat-il l'influence malfaisante du brouillard et de l'humidité? Peut-être, comme on l'a dit, chasse-t-il l'ennui? Ou bien, agissant à la manière de l'opium, réussit-il à émousser en nous l'aiguillon des douleurs humaines?

Tolérance donc pour cet intéressant poison (1) qu'on appelle le tabac!

Mais que l'homme qui veut adjoindre à tous ses besoins ce besoin factice, se souvienne de deux choses : d'abord, il s'impose une dépense inutile, ce qui est toujours un mal quand la bourse est peu garnie; ensuite, il s'expose à l'inconvénient obligé de toutes les habitudes, je veux dire à une grande privation et à un malaise réel, si, plus tard, à un mo-

(1) La nicotine, que la chimie extrait du tabac, est un poison violent rendu tristement célèbre par le nom de Bocarmé.

ment donné, il lui est impossible de la satisfaire.

Tout à l'heure, je parlais des dents et de l'importance de leur conservation : prenez garde de les détruire en fumant.

L'usage journalier de la pipe de terre use très-vite, jusqu'à la racine, les incisives sur lesquelles elle s'appuie. Le fumeur prévoyant garnit d'un bout d'ambre ou de corne, de quelques tours de fil même, l'extrémité du tuyau qui se place dans la bouche ; et ses incisives se conservent pour de plus éminents services.

Malgré cette précaution, les pipes à tuyau très-court, trivialement appelées *brûle-gueule*, restent de véritables agents de destruction. Comme le fourneau touche aux lèvres, la proximité du feu fait fendre l'émail des dents et les ébranle en favorisant l'engorgement des gencives. On va jusqu'à les accuser de produire le cancer de la lèvre inférieure, cruelle et hideuse maladie, plus commune chez le fumeur que chez tout autre.

Un des inconvénients généraux du tabac, soit qu'on fasse usage de la pipe ou du cigare, soit qu'on se livre à la peu gracieuse habitude de *chiquer*, c'est d'épuiser par le rejet continuel d'une abondante salive. Il disparaît néanmoins pour celui qui sait fumer sans cracher, privilége et conquête du fumeur émérite, et prédestination du genre.

Parmi les effets immédiats du tabac, il en est un plus dangereux encore : je m'explique.

L'accoutumance de la bouche à une stimulation mordicante finit par la rendre insensible à la douce excitation des aliments; dès lors, les petites glandes chargées de fournir la salive propre à délayer et à envelopper la bouchée alimentaire, restent dans l'engourdissement et ne fournissent rien; et comme, après tout, l'action de cette humeur est indispensable à la digestion, il résulte de sa suppression inopportune que la nature, qui veille sur son œuvre, suscite la soif à chaque bouchée et appelle de préférence, pour la satisfaire, les boissons les plus stimulantes.

N'est-il pas vrai que le fumeur ne se désaltère pas d'eau pure?

Et voilà comment une habitude qu'on croit innocente peut conduire insensiblement, si l'on n'y prend garde, au vice le plus dégradant de l'humanité, à l'ivrognerie. Je ne dis pas, ce qui est faux, que tout fumeur en vient là; je dis, ce qui est vrai, que le fumeur imprudent marche dans cette voie.

Donc l'usage ne doit pas engendrer l'abus; si le premier est tolérable, le second ne saurait l'être, car il ôte l'appétit, amène l'épuisement et la maigreur, et conduit à l'hébétement par la perte de la mémoire et par l'affaiblissement de toutes les facultés, ou à l'ivrognerie, par le besoin exagéré des stimulants.

.On comprend combien est déplorable l'usage trop hâtif qu'en font les jeunes gens et les enfants : comme il provoque bien plus vite l'épuisement à ces âges, il contribue, sans nul doute, au dépérissement de l'espèce si remarquable dans les grandes villes.

VII

Examinons maintenant en détail les diverses substances que nous avons énumérées comme propres à fournir les éléments d'une bonne nourriture.

Le *pain*, ai-je dit, en forme la base.

Son importance alimentaire, écrite en lettres sanglantes dans plus d'une page de notre histoire, avait été instinctivement comprise par le peuple, bien avant que la science l'eût proclamée.

Et, aujourd'hui, l'idée si répandue parmi les travailleurs qu'en mangeant beaucoup de pain l'on fait beaucoup de sang, qu'est-elle autre chose, sinon l'expression assez nettement formulée d'un fait admis comme vrai par la science?

Il est reconnu, en effet, que le pain est, de tous les éléments tirés du règne végétal, celui qui introduit dans le sang le plus de sucs nutritifs, en d'autres termes, celui qui nourrit le plus.

Le meilleur est fait de farine de froment. C'est à peu près le seul qu'on mange à Lyon, sous le nom de *pain blanc, pain de ménage* et *pain à tout.*

Ce serait une erreur de croire que le premier nourrisse mieux que les deux autres.

Pour lui donner cette blancheur qui flatte les yeux, il faut dépouiller la farine avec laquelle on le prépare de tout le son qu'elle contient. Or, la séparation du son d'avec la farine est, d'après les démonstrations les plus positives de la science, une affaire de luxe, et plutôt nuisible qu'utile à la nutrition. Dans plusieurs localités d'Allemagne, on fait entrer le son avec la farine dans la fabrication du pain, et il n'y a pas de population dont les organes digestifs soient en meilleur état (1).

D'après un expérimentateur habile et digne de foi (M. Edwards), tandis que les chiens, nourris avec le pain de munition, — qui renferme beaucoup de son, — se portent très-bien, ceux qu'on nourrit au pain blanc tombent dans le marasme et meurent.

La présence du son a en outre l'avantage de communiquer au pain des propriétés rafraîchissantes très-utiles pour prévenir la constipation. Le pain de seigle, qu'on trouve chez quelques boulangers

(1) Justus Liebig, *Nouvelles lettres sur la chimie.*

de Lyon, doit à cette alliance de bons résultats.

Le pain de première qualité est seulement plus léger que les autres et convient mieux aux estomacs délicats, aux vieillards, aux personnes qui font peu ou point d'exercice.

Le père de la médecine, Hippocrate, regardait les petits pains, toutes choses égales d'ailleurs, comme moins nourrissants que les grands, parce qu'ils avaient été plus pénétrés par le feu.

Serait-ce pour cette raison que, dans beaucoup de ménages d'ouvriers, on fait confectionner d'énormes pains, pesant jusqu'à dix-huit kilogrammes? Et, une fois de plus, l'instinct du peuple l'aurait-il conduit au même résultat que la science?

Mangé chaud, sortant du four, le pain est lourd et expose les personnes faibles à de dangereuses indigestions.

Il en est de même du pain mal cuit qui, du reste, ne se conserve pas et se couvre de moisissures. Sous ce dernier état, il est plus nuisible encore.

Quelque excellent qu'il soit, quelque richement doué qu'on le suppose, le pain est un aliment incomplet. Il est bien capable, à lui seul, de soutenir la vie; mais, dépourvu de vertu stimulante, il ne communique point au corps l'énergie dont celui-ci a besoin pour résister à d'excessifs travaux et aux rigueurs de l'hiver.

Et l'on peut dire en toute vérité, même en écartant le sens figuré de cette parole de l'Écriture :

L'homme ne vit pas seulement de pain, l'homme de labeur surtout.

C'est au règne animal, c'est à la viande qu'il doit demander cette propriété particulière, indispensable complément d'une bonne nourriture.

VIII

La *viande* n'est pas seulement douée de qualités nutritives et reconstituantes : il y a en elle un principe excitateur approprié aux besoins de l'homme, et principalement de l'ouvrier soumis, — comme il l'est à Lyon, — à deux causes de débilitation puissantes : le travail sans relâche et l'humidité habituelle de l'air pendant plus des trois quarts de l'année.

Ce principe spécial donne un surcroît d'énergie à toutes les fonctions, accroît et développe la vigueur musculaire et entretient la force de résistance qui permet de braver le froid et le travail les plus rudes.

C'est une vérité plus connue, mieux pratiquée surtout dans les classes laborieuses de l'industrielle Angleterre que parmi les travailleurs de notre nation.

De nombreux exemples le prouvent et attestent la supériorité physique qui en est le résultat de l'autre côté de la Manche.

« En 1825, les Anglais établirent aux carrières de Charenton, près Paris, une usine à fer, d'après la méthode anglaise. Comme il fallait, dans certaines opérations, un déploiement de forces qu'on ne pouvait obtenir des Français, on fit venir des ouvriers anglais. En cédant à cette nécessité, les directeurs de l'établissement pensèrent avec raison que la faiblesse des Français tenait à une alimentation incomplète ; ils prirent en conséquence des mesures pour qu'ils pussent manger de la viande en aussi grande quantité que les ouvriers anglais, et six mois après ceux-ci retournaient chez eux, laissant des Français vigoureux aptes à les remplacer. »

« En 1841, lorsque la compagnie adjudicataire du chemin de fer de Paris à Rouen chargea des ingénieurs anglais de l'établissement de la voie, un grand nombre d'ouvriers passa à leur suite d'Angleterre en France. On sait avec quelle rapidité cette œuvre considérable fut exécutée, rapidité qui fut due surtout à l'extrême émulation des ouvriers des deux nations. Mais les ouvriers anglais eurent d'abord l'avantage ; ils faisaient mieux et plus vite, parce qu'ils avaient plus de pratique dans ce genre de travail et qu'ils étaient mieux outillés ; cependant l'habitude et des instruments meilleurs rendirent bientôt les Français aussi habiles que leurs émules.

« Malgré cela, la rapidité dans le travail restait toujours à l'avantage des ouvriers venus d'Angleterre. Les Français ne faisaient communément, dans un temps égal, que les deux tiers de l'ouvrage exécuté par les Anglais. A quoi tenait cette infériorité? Les ingénieurs en soupçonnèrent la cause : ils soumirent les ouvriers français au même régime que les ouvriers anglais, et dès ce moment l'équilibre s'établit sur tout l'ensemble du travail. Pour cela, il ne fallut que substituer l'usage du *roast beef* ou bœuf rôti au bouilli, aux légumes dont se nourrissaient presque exclusivement les ouvriers français (1). »

Donc, il faut que la viande entre le plus largement possible dans le régime alimentaire de l'ouvrier, même au risque d'un excédant de dépense, puisque cet excédant serait nécessairement compensé, là, du moins, où une plus grande somme de travail produit un salaire plus élevé, ce qui est le cas le plus ordinaire.

Les viandes fraîches sont les seules dont on doive user habituellement.

(1) Extrait du *Journal local d'Agriculture et d'Horticulture de la Charente*, reproduit par le *Courrier de Lyon* du 4 octobre 1855.

Gâtées ou corrompues, elles n'inspirent pas seulement le dégoût par une odeur et une saveur repoussantes; elles sont positivement nuisibles, et peuvent donner lieu à une sorte d'empoisonnement mortel.

Les plus fortifiantes et les meilleures sont celles de *bœuf*, de *mouton*, de *porc*.

Le *coq*, le *pigeon*, le *canard*, l'*oie*, la *dinde*, le *lapin* appartiennent à cette classe.

Remarquez, en passant, que ceux de ces animaux que vous élevez à l'intérieur de vos habitations, dans le but de vous en nourrir, sont moins propres à un tel usage. Manquant d'espace, de soleil et d'air pur, ils ne vous offrent qu'un aliment fade et sans vertu, souvent même altéré par quelque maladie due à leur séquestration.

Quant aux autres, leur chair grillée, rôtie ou daubée, a toute sa valeur corroborante, et exerce, ainsi apprêtée, son action réparatrice et stimulante au plus haut degré.

Bouillie, elle est moins bonne, moins succulente, moins restaurante; mais le bouillon qu'on en tire est nutritif, agréable, et se digère facilement.

La soupe grasse étant d'un certain intérêt en économie domestique, vous ne devez pas ignorer qu'il y a deux manières de faire bouillir les viandes.

Veut-on leur laisser la plupart de leurs qualités nutritives, on les met dans l'eau quand celle-ci est en pleine ébullition ; la viande est *saisie*, et garde en elle la presque totalité de ses sucs nourriciers ; dans ce cas, le bouillon est faible.

Si on le veut plus substantiel, la viande est mise dans l'eau froide, et celle-ci portée lentement au degré de l'ébullition. Par ce mode opératoire, la viande perd beaucoup de sa succulence, mais le bouillon s'enrichit.

Quoique fraîche et saine, la chair de porc est un peu lourde.

Salée, elle exige un estomac robuste et un corps rompu à la fatigue ; et, comme elle est moins salubre, elle ne peut plus être admise qu'avec réserve et de loin en loin.

Cependant, pour s'épargner les apprêts de leurs repas et perdre moins de temps, beaucoup d'ouvriers empruntent leur pitance journalière à l'art de la charcuterie. N'en déplaise à la distinction et à la bonne renommée de ses produits indigènes, cette consommation abusive est déplorable. Pour me servir d'une expression vulgaire mais significative, elle met le feu aux entrailles et dans le sang.

Il est des viandes plus légères, moins échauffantes, et nourrissant un peu moins que les précédentes ; ce sont les viandes blanches.

Elles manquent, en général, de ce stimulant puissant dont sont si abondamment pourvues les viandes que j'ai mises en première ligne, et disposent au relâchement du ventre.

Le *poulet* est le type des aliments de cette classe ; il en possède notoirement tous les avantages, et n'a d'inconvénient manifeste que son prix élevé. Cet inconvénient, dans tous les cas fort regrettable, pèse d'une manière plus fâcheuse sur les convalescents peu favorisés de la fortune, et les prive d'une ressource précieuse.

Le *veau*, l'*agneau*, le *chevreau* occupent une place importante parmi les viandes blanches; mais, pour s'y maintenir avec quelque distinction, il leur faut une certaine maturité d'âge, fixée par l'expérience pour chacun d'eux. Quand ces animaux sont trop jeunes, ils n'ont qu'une chair visqueuse et gluante, impropre à éveiller l'action digestive de l'estomac et capable de provoquer le vomissement ou la diarrhée.

Les quatre estomacs du bœuf, plus connus sous le nom de *gras-double*, la tête de veau et de mouton, les pieds de mouton, de veau, de bœuf rentrent dans la même catégorie d'aliments.

Le rôti ou la grillade est la meilleure préparation à laquelle on puisse soumettre les viandes blanches pour en tirer le parti le plus convenable. Et c'est avec raison qu'on leur associe des assaisonnements, dans le but de suppléer au principe stimulant qui leur manque.

A défaut de poulet, les parties charnues du veau servent à faire des bouillons légers qui sont employés au rétablissement des forces dans la convalescence.

Les substances animales qui me restent à mentionner, nourrissent aussi bien, se digèrent aussi facilement et n'excitent pas plus que les viandes blanches.

Parmi les plus communes, je citerai les *œufs*, le *cerveau*, le *foie*, le *sang*, le *ris de veau*.

Les œufs présentent cette particularité remarquable, que la cuisson prolongée, au lieu de les amollir, les durcit, et les fait résister davantage au travail digestif.

Les *œufs durs* ne conviennent qu'aux estomacs vigoureux. Deux ou trois minutes de coction dans l'eau bouillante, quand ils sont frais, en font un aliment des plus légers, très-favorable aux convalescents. Je me plais à constater que cet estimable produit de nos basses-cours n'a aucun des inconvénients qu'on lui attribue, et que c'est une grosse erreur de le croire échauffant.

Le *boudin*, mangé frais, n'est irritant et indigeste qu'à cause du lard et des aromates qui sont associés au sang pour en relever la saveur.

Quoique la cherté de la viande ne permette guère à l'ouvrier d'en faire une consommation quelque peu exagérée, je ne dois pas lui laisser ignorer que l'emploi de ce précieux comestible, s'il était exclusif, deviendrait dangereux, en introduisant dans l'économie une prédisposition marquée aux maladies inflammatoires.

Le poisson, les légumes, les fruits ont pour but de corriger, d'atténuer, par un régime moins substantiel et plus doux, ce qu'aurait de trop excitant une alimentation purement animale; et c'est pour cela qu'ils doivent avoir leur place à côté de la ration de viande.

L'institution religieuse du *maigre* repose donc sur une donnée hygiénique incontestable; et celle du carême, en particulier, placée, comme elle l'est, à l'entrée du printemps, vient, on ne peut plus à propos, tempérer, par une diète ténue, les effets du régime *ordinairement* plus animalisé de l'hiver.

Mais, pour des hommes débilités par d'excessifs travaux, mal logés, mal vêtus, et qui ne connaissent ni ne pratiquent, *en aucune saison,* le luxe des aliments, ces institutions respectables ne sauraient être inflexibles; et il doit être permis, dans les grandes villes surtout, de demander des adoucissements à leur stricte observation.

IX

La chair des poissons est certainement, après la viande, l'aliment le plus réparateur ; c'est aussi, généralement, une nourriture très-facilement digestible.

Assis sur deux grands fleuves, placé par ses chemins de fer à quelques heures de distance des deux mers qui baignent la France, Lyon est assez abondamment pourvu de ce riche produit alimentaire.

Les ouvriers profiteront de ce privilége, que l'art et la nature ont fait à notre ville, pour varier leur régime, en admettant plus fréquemment le poisson sur leur table.

Tous les poissons doivent être mangés le plus frais possible, car ils se putréfient beaucoup plus rapidement que la viande.

La raie fait exception à cette règle. Fraîche, elle répand une odeur de mer désagréable, et offre une chair dure, coriace, de difficile digestion. Conservée quelque temps, et mangée à point, elle est de meilleur goût et se digère plus aisément.

Quelques poissons, en petit nombre, comme l'anguille, le hareng, contiennent une certaine quantité d'huile qui les rend lourds. Grillés et assaisonnés convenablement, ils ne sont bien digérés que par les forts.

Les œufs du barbeau et du brochet doivent être rejetés comme insalubres, car ils provoquent d'ordinaire le vomissement et la diarrhée.

Les poissons salés, séchés à la fumée, saumurés ou marinés, constituent des aliments âcres dont l'usage fréquent, mal approprié à notre climat tempéré, n'est propre qu'à causer des irritations de toute espèce, parmi lesquelles figurent, au premier rang, les dartres.

Le poisson gâté, altéré, putréfié, est, comme les viandes de même nature, doué de qualités délètères et peut amener des accidents funestes.

X

Les aliments classés sous le nom générique de *légumes*, ne peuvent sustenter *à eux seuls* l'homme qui se livre à un rude travail.

Quel est l'ouvrier qui ne s'est pas senti moins fort et moins bien nourri, après un repas uniquement composé de substances végétales ?

Autant est bienfaisante leur association avec les viandes, autant serait insuffisant et nuisible leur emploi exclusif.

Elles tendent à exagérer, en effet, au détriment de la santé, un vice de constitution très-commun à Lyon, et qui consiste dans une disposition particulière à la langueur de la part de toutes les fonctions.

Leur choix n'est pas sans importance, car toutes ne sont pas nutritives à un égal degré. Il existe, au contraire, entre elles, sous ce rapport, des différences essentielles qui permettent de les partager en deux familles bien distinctes.

Dans la première, la plus riche en matériaux sustentateurs, se rangent les aliments farineux, naturels ou artificiels.

Tels sont le froment, le seigle, l'orge, le riz et le maïs; la pomme de terre, la châtaigne et leur fécule; le vermicelle, la semoule, le macaroni et les pâtes analogues.

Le sagou, le salep, l'arow-root, le tapioka, d'un prix plus élevé que la fécule extraite de la pomme de terre, ont, à peu de chose près, une composition et des vertus similaires.

Enfin, les légumes secs, haricots, pois, fèves, lentilles, sont des produits du même genre.

La richesse nutritive des individus de cette famille, inférieure à celle du pain, lui est cependant comparable. Ce que j'ai dit de l'action réparatrice de celui-ci, leur est applicable dans une certaine mesure.

Comme lui, un peu moins que lui, ils enrichissent le sang, ils soutiennent la vie, ils nourrissent, en un mot, mais, à son exemple, ils ne suscitent dans l'économie ni énergie, ni vigueur.

La pomme de terre, qu'on a si justement appelée *un pain tout fait*, mérite bien une mention particulière entre tous les produits de cette classe.

Admise comme une fille de bonne maison aux festins du riche, elle n'en demeure pas moins, plébéienne sans prétention, la compagne aimable et fidèle des repas du pauvre. Toujours bonne et salubre, appétissante et savoureuse, sous quelque forme qu'il plaise à l'art culinaire de l'offrir, elle convient à tous les goûts et à tous les âges.

Mais, pour laisser aux approvisionnements économiques qu'on en peut faire, toute la valeur d'une ressource alimentaire de bon aloi, il faut prendre garde de les conserver ailleurs que dans des lieux où ils soient à l'abri de la gelée. Car l'organisation délicate de ce précieux tubercule le rend sensible au froid, et la gelée, quand il en subit l'influence, altère profondément sa nature et détruit sans retour ses propriétés bienfaisantes. Il est alors dangereux pour l'homme d'en faire usage, et les animaux qui s'en nourrissent, même pendant un court espace de temps, deviennent hydropiques.

Les pommes de terre *malades* ne peuvent non plus

prétendre à capter vos faveurs. Victimes d'un fléau, contre lequel n'a pu les protéger le souvenir de près d'un siècle de bons et loyaux services, elles sont déchues de tous leurs priviléges, et répondraient mal à votre impatience de convive.

Celles qui ne sont pas entièrement mûres n'ont droit à aucun égard. Gonflées de sucs aqueux mal élaborés, privées de l'élément farineux qui fait leur supériorité, elles n'ont ni parfum, ni saveur, et, loin de nourrir, elles portent le trouble dans les digestions. La sympathie que vous auriez pour elles vous serait doublement préjudiciable; car les avortons, décorés du nom pompeux de *primeurs,* et mis en vente aux premiers beaux jours, se paient fort cher.

Cuits dans l'eau et mangés entiers, les *légumes secs* sont lourds, malgré les assaisonnements dont on les accompagne. Souvent même alors leur nature grossière se trahit par des *sorties* inconsidérées et bruyantes.

Réduits en purée, ils se montrent de plus facile composition, et perdent beaucoup de leur perfide pétulance.

La châtaigne forme une grande partie de la nourriture du peuple, en divers lieux de la Savoie, de la France, de l'Italie, et supplée, pour ces contrées, à la rareté du pain : c'est dire que ses propriétés nutritives sont bien établies. La consommation qui s'en fait à Lyon, pour y être moins essentielle, n'en est pas moins considérable et mérite d'être encouragée.

Bouillies à l'eau, les châtaignes sont plus légères que rissolées. On optera, suivant ses forces, pour l'un ou pour l'autre mode de préparation.

Résultat d'un mélange de farine, de beurre et d'œufs, auquel on ajoute quelquefois du sucre, des fruits, des aromates ou de la viande, la *pâtisserie*, dont on est si friand dans l'enfance, est, en général, d'une composition indigeste et malfaisante.

Si j'excepte le biscuit, la meringue et quelques gâteaux secs, on peut dire, de tous les autres échantillons de cette industrie, que le meilleur n'en vaut rien. La rancidité du beurre, une fermentation incomplète, une cuisson insuffisante expliquent les fréquentes indispositions des enfants qui en font usage, et motivent, en ne la justifiant que trop, cette réprobation sévère.

J'ai à vous défendre une autre confection farineuse encore plus insalubre; elle est plus particulièrement en vogue durant les derniers jours gras. Je ne sais rien de plus indigeste que cette âcre et lourde pâtisserie du friturier, à demi cuite dans l'huile ou la graisse bouillantes. Vous demander d'y renoncer dans l'intérêt de l'estomac, est-ce bien imposer un sacrifice au goût?

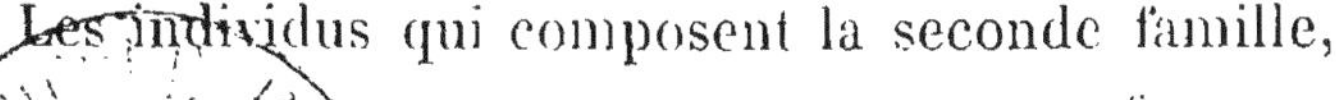

Les individus qui composent la seconde famille,

dans l'alimentation végétale, sont les légumes proprement dits.

A cette variété d'aliments se rapportent les suivants :

Carotte,	Épinards,	Petits pois verts,
Betterave,	Bette,	Concombre,
Navets,	Blette,	Courge,
Salsifis,	Escarole,	Choux,
Panais,	Mâche,	Chou-fleur,
Asperge,	Artichaut,	Oseille,
Laitue,	Cardon,	Rave,
Chicorée,	Haricots verts,	Radis.

Ils contiennent, entre autres éléments, de la gomme et du sucre, deux substances faiblement nutritives.

Le chou est, de tous les légumes herbacés, celui qui nourrit davantage, mais il se digère difficilement et veut être fortement assaisonné.

Presque tous les autres exercent sur l'économie une action rafraîchissante et adoucissante, et sont, à l'exception de ceux qui se mangent crus, d'une digestion facile.

XI

Les fruits que consomme l'habitant aisé des villes, ne constituent qu'une très-faible partie de sa nourriture. Il n'en est pas de même pour l'ouvrier, dont la table est moins bien garnie. Servis après la soupe, ils sont souvent son unique accompagnement aux légers repas du matin et du soir.

Comme ils sont relativementd'un prix peu élevé, comme ils conviennent presque à tout le monde, comme enfin ils nourrissent un peu, je ne puis passer sous silence ce qui les concerne.

Disculpons-les d'abord d'une accusation très-grave et trop répandue.

On reproche à quelques-uns de produire des flux de ventre dangereux, le flux de sang même.

C'est une affirmation erronée et vulgaire, qui ne résiste pas à l'examen attentif des faits, et à laquelle l'expérience a cent fois donné le plus complet démenti. Loin de produire la dyssenterie, les fruits *bien mûrs*, les raisins principalement, la guérissent. L'usage des fruits verts, de ceux que n'ont pas mûris les chauds rayons du soleil, est seul pernicieux et engendre véritablement des flux de mauvaise nature.

L'abricot, le melon ne sont pas plus malsains ni plus fiévreux que les autres fruits, s'ils sont mangés à point. Pour eux, comme pour tous, l'insalubrité naît seulement du défaut de maturité.

Ceci bien entendu, j'ajoute : les meilleures choses sont susceptibles de devenir mauvaises, dès qu'on en abuse. La boisson la plus salubre, l'aliment le plus convenable, pris en excès, peuvent se transformer en poison : les fruits ne font pas exception à cette règle. Les plus beaux, les plus exquis, les plus parfaits de maturité seront capables de déterminer des indigestions fatales, si l'on en fait un usage immodéré.

Leur choix n'est pas tout à fait indifférent ; mais le goût est généralement réputé, à leur égard, un guide à peu près sûr.

Entre les plus nourrissants, il faut compter les *amandes douces*, les *noisettes* et les *noix*. Leur action réparatrice les rapproche des aliments farineux ; mais l'huile qu'elles renferment les rend un peu lourdes. Elles doivent, de préférence, être mangées fraîches, car en vieillissant cette huile devient rance, et leur communique une saveur âcre et des propriétés irritantes.

Les *amandes amères* ne sont point utilisées, et avec raison, comme aliment. Leur emploi est tout médical : elles servent assez efficacement à réparer les désordres produits par les excès gastronomiques, et dissipent l'ivresse.

On les retrouve, il est vrai, incorporées dans quelques-uns de ces bonbons de dessert, connus sous le nom de *massepains* ou de *macarons* ; mais il est bon de dire que cet usage, quand le mélange est en proportion trop considérable, n'est pas exempt d'inconvénient.

C'est qu'en effet les amandes amères sont un poison redoutable pour la plupart des animaux, et, plus d'une fois, elles ont occasionné, chez l'homme, des accidents regrettables et même la mort.

L'*amande de cacao* est particulièrement employée à fabriquer le chocolat, préparation alimentaire saine, de bon goût, assez digestible et restaurante. — La fécule que lui associe frauduleusement la cupidité mercantile, le rend moins propre à la nourriture des enfants. Il faut savoir leur refuser ces chétives tablettes *à un sou* qu'on leur prodigue si volontiers.

Les fruits desséchés, tels que *figues, poires, raisins pruneaux*, nourrissent mieux qu'à l'état frais, mais se digèrent moins aisément.

Ceux qui contiennent plus d'eau que de chair sont les plus rafraîchissants et les moins nourrissants de tous.

Les fruits qu'on peut soumettre à la cuisson deviennent plus digestibles, sinon plus savoureux, et moins malfaisants, si leur maturité était incomplète.

On en compose diverses sortes de confitures, bonnes et utiles préparations de ménage qui ont l'avantage de se garder longtemps.

L'épiderme ou la pelure des fruits n'ayant rien de nutritif, et pouvant indigérer, il convient de l'enlever toutes les fois que sa consistance le permet, afin de ne pas surcharger l'estomac d'un travail dangereux et sans compensation.

La recommandation que je fais de rejeter les noyaux des fruits qui en contiennent, devrait paraître superflue, s'il n'existait pas de nombreux exemples, soit de suffocation ou d'asphyxie, soit d'accidents intestinaux graves, produits par leur ingestion imprudente.

XII

Le *lait*, aliment essentiel du premier âge de la vie, le lait, auquel l'enfant devenu homme revient quelquefois, comme à une ressource suprême, dans le cours d'une existence énervante et agitée, est surtout propre à redonner au corps cette fraîcheur, ce coloris, ce léger embonpoint, cette jeunesse que font perdre les grandes villes, par l'abus des jouissances et des stimulants de toute espèce.

Pourquoi, en célébrant ses vertus, ne puis-je vous conseiller de lui donner une place à votre table? hélas! c'est que, pour les trouver réunies, il faut... du lait! Et Dieu sait ce que nous apportent, sous ce séduisant pseudonyme, toutes les *Perrettes* de la banlieue.

Appauvri par le prélèvement illicite et régulier de la *crème*, dénaturé par la fraude, il essuie, entre des mains mercenaires, un dernier outrage, — que dissimule trop bien sa blancheur accommodante et communicative, — et, ainsi dépouillé de tous ses avantages, il ne fournit plus qu'un semblant de nourriture.

Les ouvriers qui s'observent le savent bien : le lait les *rend mous au travail.*

Laissez donc le lait aux laitières, ou plutôt aux campagnes qui vous l'envoient. Vous recueillerez de ce mince sacrifice un double profit; d'abord, vous nourrissant autrement, vous vous nourrirez mieux ; et puis vous payerez votre *beurre* moins cher.

Je parle sérieusement ; car à l'état frais, et potage à part, le beurre est un aliment doux, émollient, réconfortant, que tout le monde digère bien.

La *tartine beurrée* est d'une haute valeur nutritive.

Elle est en grande faveur en Belgique, parmi les ouvriers des mines d'Anzin, le Rive-de-Gier de ce pays.

Le mineur belge, qui ne se porte pas plus mal qu'un autre, en mange trois fois par jour, pendant les six jours de la semaine, et n'a à peu près pas d'autre nourriture solide, à l'exception de quelques pommes de terre qu'il prend à son repas du soir. Il ne mange dela viande que le dimanche, en buvant un pot de bière.

Vous ne condamnerez donc pas à un injuste oubli la tartine beurrée.

Le beurre employé dans beaucoup de ménages sous le nom de *beurre fondu* ne cesse pas d'être nutritif.

Mais le sel qu'on y ajoute, la cuisson prolongée qu'on lui fait subir, dans le but de le conserver, le rendent irritant.

Vous saurez qu'on peut ôter au beurre sa rancidité, en le faisant bouillir avec le charbon de bois pilé, après l'avoir fait fondre, l'avoir lavé et pétri à l'eau froide. On le débarrasse ensuite du charbon, en le passant bouillant à travers un linge (1).

Les *fromages* sont des aliments très-réparateurs. Mais leur action sur l'estomac varie comme leurs diverses préparations.

Le *fromage blanc*, par exemple, a des qualités douces et rafraîchissantes qui sont proverbiales parmi les tisseurs lyonnais. Il gagne à être légèrement assaisonné.

Les fromages récents et salés, comme ceux dits *de chèvre* ou *de vache*, sont moins adoucissants. Suffisamment *faits*, ils donnent du ton à l'estomac.

Ceux qui sont fermentés, tels que le *Marolles*, le *Gex*, le *Gruyère*, le *Sassenage*, sont plus stimulants, trop stimulants quelquefois.

Quant à ces fromages de couleur vert-de-gris, et de consistance molle, qu'on conserve dans des pots de terre, sorte de pâte formée des débris des plus forts fromages mêlés à des liquides alcooliques, je

(1) M. Londe, *Élém. d'hygiène*.

n'ai pas besoin de dire qu'ils dépassent les bornes d'une juste stimulation. On a bien raison de les appeler *forts :* ils le sont par leur odeur, par leur saveur, par leurs propriétés incendiaires; il faut avoir le goût blasé et un palais de fer pour oser en faire usage.

XIII

L'appétit et la gaieté sont les meilleurs assaisonnements des repas, et comme ils sont la conséquence ordinaire du travail et du contentement du cœur, on peut presque dire qu'ils sont l'apanage de l'ouvrier.

Cet heureux privilége, en préparant de bonnes digestions, a plus d'influence qu'on ne pense sur la santé. Combien de riches désœuvrés vous l'envient et le paieraient au poids de l'or, eux qui achètent tout, si Dieu l'eût fait transmissible !

Il est des *assaisonnements* d'une autre sorte, qu'on mêle aux aliments dans le but d'en relever la saveur et de les rendre plus facilement digestibles. Les aliments lourds, ceux qui sont doux et fades les appellent de préférence.

Maintenu dans de justes bornes, leur emploi est bon et salutaire. Mais, comme, par l'excitation qu'ils provoquent, ils sollicitent une soif et un appétit artificiels, et portent à boire et à manger au delà du besoin, l'abus qu'on en peut faire est très-dangereux.

Dans ce cas, l'estomac souffre et s'irrite doublement, et d'une provocation inconsidérée, et d'une surcharge d'aliments dont l'élaboration est au-dessus de ses forces.

Ce grave désordre résulte principalement de la recherche exagérée des assaisonnements de haut goût, auxquels sacrifient avec trop de complaisance les esclaves de la bonne chère.

Les enfants et les jeunes gens doivent en user beaucoup plus sobrement que l'homme fait, la vie, qui est dans toute sa luxuriante énergie à ces âges, ne demandant que des aliments simplement réparateurs.

L'*huile*, les *graisses*, le *beurre*, quoique compris au nombre des assaisonnements, n'ont point pour effet, comme ceux-ci, d'augmenter la digestibilité des aliments. Leur rôle est de modifier plus ou moins avantageusement la qualité des mets avec lesquels on les combine. Douées de propriétés douces, ces substances en acquièrent d'irritantes lorsqu'on les soumet à l'action prolongée du feu. C'est pour cela que les personnes faibles, les estomacs délicats et sensibles supportent mal les *fritures* et les *roux*.

Le *sucre* est nourrissant; il tempère agréablement la trop grande acidité de certains fruits; il rend plus prompte la digestion des aliments auxquels l'usage l'associe et prévient le relâchement du ventre.

Pris à dose modérée, il est salutaire et convient à tous les tempéraments, à tous les sexes, à tous les âges. C'est bien à tort qu'on en fait un épouvantail aux petits enfants.

Le sucre gâte et fait tomber les dents, leur dit-on : sérieuse ou plaisante, cette assertion est contredite par l'observation de beaucoup de gens qui conservent de belles dents tout en mangeant beaucoup de sucre, et par l'exemple du duc de Beaufort, qui conserva jusqu'à soixante-dix ans ses dents fermes et entières, quoiqu'il eût mangé, chaque jour, plus d'une livre de sucre pendant quarante ans (1).

Le *sel* est un des éléments les plus nécessaires au parfait fonctionnement de la machine et à l'assimilation irréprochable des matériaux destinés à réparer nos pertes. Il sert de base à tous les assaisonnements dans lesquels n'entre pas le sucre, et favorise la digestion de tous les aliments. Il en est peu qu'on puisse digérer sans sel. D'accord avec les besoins de l'économie, le goût seul sait toujours le dispenser avec mesure et sagesse.

Moins louable dans ses effets, le *vinaigre* est aussi d'un emploi moins universel. Doué d'une âcreté sen-

(1) M. Londe, *Élém. d'hygiène*.

sible, il n'opère avec quelque avantage qu'à petites doses. Pris sans ménagement, il est capable de désorganiser tout ce qu'il touche et de porter atteinte aux sources mêmes de la vie. A plus forte raison, n'est-il jamais permis de le boire pur, la prétendue propriété qu'on lui attribue, de diminuer l'embonpoint, ne pouvant se manifester que par la ruine de la santé. Combien de jeunes filles, inquiètes d'une certaine précocité de formes, et égarées d'ailleurs par des conseils imprudents, ont trouvé la mort dans cette pratique absurde et barbare !

L'*ail*, l'*oignon*, la *civette*, l'*échalote*, le *poireau*, les *ciboules*, la *moutarde*, l'*estragon*, le *cresson*, le *persil*, le *cerfeuil*, le *céleri*, le *thym*, le *laurier*, sont, comme assaisonnements, de véritables utilités culinaires.

L'utilité du *poivre* est plus contestable ; admis autrement qu'à titre d'exception, il brûle l'estomac et les intestins, et occasionne à la peau des démangeaisons et des éruptions.

XIV

Les boissons sont le complément de l'alimentation. Aussi, sont-elles réclamées par une sensation naturelle, la soif, de même que le sont les aliments par une sensation analogue, la faim.

Elles facilitent le travail digestif, pourvu qu'on y ait recours pendant les repas, et selon la mesure du besoin suffisamment exprimé par la soif.

Prises en excès, toutes sont nuisibles : la nature du péril est en raison de leur composition.

Est-il dangereux d'ingérer des boissons très-froides lorsque le corps est en sueur? Oui, certes, répondrez-vous sans hésiter. Oui et non, dit l'hygiène, parce qu'elle admet une importante distinction que vous retiendrez.

Les boissons froides sont funestes, elles exposent à un danger sérieux, si la chaleur du corps résulte des efforts et de la fatigue, si la sueur est provoquée par un exercice violent.

Mais si la chaleur qui vous accable, si la sueur qui vous inonde sont uniquement dues aux ardeurs de la saison, ou bien à la haute température du lieu où vous vous trouvez, vous pouvez impunément boire froid, vous pouvez prendre même des boissons glacées sans courir le moindre risque.

Autre distinction essentielle. L'ingestion de boissons glacées a lieu sans inconvénient, pendant et immédiatement après le repas. Un peu plus tard, quand la digestion est commencée, elle lui est préjudiciable.

L'*eau* destinée à la boisson est de bonne qualité si elle est incolore, inodore, limpide et bien aérée.

Elle doit dissoudre aisément le savon et bien cuire les légumes.

Les eaux de source sont très-recherchées parce qu'elles remplissent d'ordinaire toutes ces conditions.

Celles qui séjournent dans des puits, au centre de nos habitations, sont presque toutes mauvaises et insalubres, attendu qu'elles se chargent de matières étrangères, puisées dans le sol où elles stagnent.

L'eau des fleuves et des rivières, qui coule rapidement sur un fond de sable ou de gravier, est excellente et a droit à la première place.

Il en est ainsi de l'eau du Rhône, qu'une puissante compagnie est chargée d'amener à l'intérieur de Lyon, pour la répartir également dans les divers quartiers et en faire la distribution à tous les ménages. L'étude longue et consciencieuse à laquelle on s'est livré, les travaux d'appropriation qui en ont été la conséquence, autorisent à croire qu'une eau de bonne qualité, abondante, propre à tous les besoins domestiques, sera bientôt à la disposition de tous les habitants de notre ville. (Juin 1855.)

Nous sommes heureux, à plus d'un titre, de cette tardive mais sage innovation ; car nous pensons que, sous le rapport des habitudes de propreté, elle doit devenir le signal d'une transformation complète.

L'eau est à peu près la seule boisson qui apaise

véritablement la soif; elle est certainement aussi le meilleur stimulant de la digestion. Mais ce double résultat ne s'obtient qu'en buvant frais ; l'eau tiède fait vomir.

Boire frais, durant les chaleurs de l'été, désaltère et met à l'abri de la tentation dangereuse de boire coup sur coup, comme ont tort de le faire beaucoup de gens.

Boire frais restaure et ranime les forces, et rend le corps apte à de nouveaux exercices.

Les digestions deviennent lentes, laborieuses, incomplètes, et les forces se perdent si l'eau paraît tiède quand on la boit. Et comme, en cet état, elle ne désaltère point, on est porté à en boire davantage et à augmenter, de cette manière, la faiblesse et le relâchement des entrailles.

C'est alors que surviennent les diarrhées, les dyssenteries, les engorgements du foie, la jaunisse, la cholérine, la fièvre typhoïde, maladies si fréquentes dans les mois de juillet et d'août, et qu'une précaution hygiénique bien simple rendrait plus rares (1).

L'eau est bienfaisante à tous les âges. C'est, de toutes les boissons, celle dont l'usage non interrompu peut le plus contribuer à prolonger la vie humaine. Les buveurs d'eau mangent ordinairement beaucoup,

(1) M. Devay, *Hygiène des familles*.

digèrent bien, et parviennent à une grande vieillesse, exempts des infirmités auxquelles sont sujets les autres hommes (1).

L'hygiène devrait donc la prescrire, à l'exclusion de tout autre liquide.

Mais l'absence d'un air vif et pur, la mollesse des constitutions, la paresse de l'estomac entretenue par une longue habitude de stimulants, des travaux musculaires portés assez loin pour distraire les forces digestives, une nourriture grossière et insuffisamment réparatrice sont autant de circonstances qui font qu'un grand nombre d'individus, dans nos villes, auraient peine à digérer, s'ils se mettaient à boire de l'eau pure.

Et voilà pourquoi j'ai compté le vin au nombre des éléments d'une bonne alimentation.

Le *vin*, la plus aimable et la plus douce d'entre les boissons fortifiantes, le vin, produit éminemment français, est plus particulièrement approprié à nos régions tempérées, à nos grandes villes manufacturières, à la nôtre surtout, séjour des épais brouillards et d'une humidité presque perpétuelle.

Quand je songe à l'incontestable utilité dont il est, pour l'entière réfection de l'ouvrier, je déplore amèrement le fléau qui menace d'en éteindre la produc-

(1) M. Devay, *Hygiène des familles.*

tion, et le considère comme un malheur public.

Nulle autre boisson au monde ne saurait le remplacer : ni l'excellente bière de Lyon, si méritante et si fort estimée ; ni le cidre, si utile aux contrées privées de vignobles; encore moins ces tisanes bâtardes, plus ou moins fermentées, qu'on débite partout aujourd'hui sous le nom usurpé de *Boissons hygiéniques*.

On a dit, je le sais bien, que le vin n'est pas absolument nécessaire à l'homme pour soutenir ses forces.

On a applaudi à l'institution, dans certains pays, de *Sociétés de tempérance* dont tous les membres prennent l'engagement formel de ne boire ni vin, ni bière, ni spiritueux d'aucune sorte.

Mais nous croyons, avec l'auteur de l'*Hygiène des familles*, qu'on s'exagère l'importance de ces sociétés, et surtout la persistance de leurs résultats.

L'ensemble des conditions faites à l'habitant des villes modifie tellement son organisation, et le besoin d'une boisson excitante est si impérieux, si général, si naturel, qu'il faudrait pouvoir en donner aux adeptes des sociétés de tempérance. Cette modification, apportée à leur hygiène, les ferait résister à la recherche des stimulations spiritueuses plus efficacement que tous les préceptes.

Où, d'ailleurs, ces sociétés ont-elles pris naissance? Aux États-Unis, en Angleterre, c'est-à-dire dans des lieux impropres à la culture de la vigne, et où, par conséquent, le vin a été remplacé par des liqueurs désastreuses. Ah ! je conçois la nécessité de pareilles sociétés en face de l'eau-de-vie et de tous ces liquides brûlants qui usent le cerveau et dévorent les entrailles ! En présence du vin, elles n'ont plus de raison d'être ; et je doute qu'un hygiéniste, en France, — et hygiéniste veut dire moraliste, — ose sérieusement proposer l'interdiction du vin.

Puisse donc la pénurie de cette précieuse récolte, puisse la privation, qui en est la conséquence, avoir un terme prochain !

Due à l'inclémence persistante des saisons, elle est un avertissement, un châtiment peut-être, à l'adresse de ceux qui, oubliant les règles d'une sage réserve, avaient reculé les bornes de la jouissance jusqu'à l'abus. Que ceux-là y songent ! Qu'ils mettent à profit l'heure déjà longue de l'expiation pour maudire leur intempérance ! Et, à la réapparition de cette bienfaisante liqueur, — quand à la disette succédera l'abondance, — ils auront appris à en restreindre l'usage aux strictes proportions du besoin.

Pris modérément, le vin aide et accélère la digestion ; il nourrit, il fortifie, il réchauffe le corps et rassérène l'âme. Il possède toutes les qualités propres à maintenir la santé et à prévenir beaucoup de maladies.

C'est un excitant indispensable aux faibles, aux infirmes, aux vieillards, aux femmes, aux enfants pâles, étiolés, aux hommes qui fatiguent beaucoup, à ceux qui doivent résister aux influences débilitantes de l'humidité et d'un travail opiniâtre.

Pour obtenir du vin ces salutaires effets, il est bien entendu qu'il faut en user au moment de l'ingestion des aliments. Hâtons-nous de le dire aussi, *mêlé d'eau*, il convient toujours beaucoup mieux aux enfants, aux femmes et aux personnes sédentaires.

C'est à tort que l'homme, même livré aux plus rudes travaux et exposé à la froidure, croit se fortifier, en le buvant, *à vide*, entre ses repas.

Rien de plus faux, de plus erroné qu'une pareille croyance; rien de plus pernicieux que cette malencontreuse coutume. En éveillant les forces digestives sans fournir un aliment suffisant à leur activité, vous suscitez une énergie passagère sans profit pour la nutrition; et, par la répétition journalière de cet excitement, vous émoussez à la longue la sensibilité de l'estomac et réduisez cet organe à l'impuissance.

Ne vous êtes-vous point aperçus que ceux qui prennent du vin fréquemment, hors l'heure des repas, mangent relativement moins que leurs camarades non assujettis à cette déplorable habitude, et qu'ils s'amaigrissent?

N'avez-vous pas remarqué qu'ils accusent, au réveil, de la toux, des aigreurs, et un besoin insurmontable de rejeter ce qu'ils appellent des *glaires?* Ce sont les avant-coureurs d'une grave maladie, la *gastrite*, qui est en train de s'établir, et qui couve encore chez le buveur imprévoyant ou endurci.

Inférieure au vin, comme boisson hygiénique, la *bière* n'en serait pas moins, en ce moment, une ressource précieuse pour la partie la plus nombreuse de la population, si ce n'était l'élévation de son prix.

En effet, par l'alcool qu'elle contient, elle excite assez vivement l'estomac et toute l'économie, et vient en aide à la digestion. C'est conséquemment une erreur, pour le dire en passant, de lui attribuer des vertus rafraîchissantes qu'elle est loin de posséder.

De plus, elle a des propriétés nutritives très-prononcées et procure de l'embonpoint à ceux qui en font un long usage. « La bière, dit M. Raspail, est un pain liquide, et renferme, sous cette forme, même après la fermentation la plus complète, tous les éléments nutritifs que contient le meilleur pain sous forme solide. Les peuples qui en font usage, boivent le pain que nous dévorons, nous, à belles dents. »

Consommées à défaut de vin, les boissons dites *hygiéniques,* qui ont pris sa place, ne fortifient point; et, loin de nourrir, comme le vin ou la bière, elles *creusent*, suivant l'expression populaire, justement et énergiquement caractéristique de leurs effets.

L'*eau de Saint-Galmier* est appelée à les remplacer avec avantage.

Je n'entreprendrai pas de décrire les charmes de cette naïade amie et secourable. D'autres plumes plus habiles que la mienne les ont célébrés à l'envi dans d'éloquentes pages, et ont fait connaître, en l'immortalisant, tout le prix de ses faveurs (1). Aussi son culte est-il devenu, en peu d'années, et à bon droit, populaire.

Je me borne à résumer en quelques lignes les qualités les plus recommandables de cette boisson salutaire.

Son action doucement stimulante sur l'estomac et le cerveau, réveille les forces nerveuses engourdies ou épuisées.

Elle ouvre l'appétit, assure la digestion, et suscite une aimable gaieté, incapable de franchir jamais les bornes de la décence.

Elle étanche la soif, sans accroître la transpiration et n'expose, *en aucun cas*, au danger du refroidissement le buveur harassé de fatigue et couvert de sueur... *Les ouvriers verriers de Rive-de-Gier, sor-*

(1) Voir la notice intitulée : *Dégustation médico-hygiénique*, par M. le docteur Diday, — et celle qui a pour titre : *Les trois sources de Saint-Galmier*, par M. le docteur Munaret.

tant de leur fournaise, prennent impunément de cette eau acidule glacée.

Enfin, — et c'est ici que brille dans tout son jour la supériorité pratique que je lui ai attribuée en commençant, — quoique pouvant suffire, par elle-même, à l'accomplissement de sa mission bienfaisante, elle s'allie néanmoins de bonne grâce avec tous les vins et les supporte tous.

Alliance heureuse, union deux fois bénie! puisque, tout en permettant de ménager la consommation du vin, — si onéreuse en ces temps de gêne, — elle ne laisse pas de satisfaire pleinement aux indications que nous venons d'effleurer.

L'*eau-de-vie*, l'*absinthe*, le *rhum*, le *kirsch-wasser*, et autres liqueurs fortes, — sans en excepter les liqueurs adoucies des ménages, — n'ont aucun des avantages du vin.

Ces breuvages de feu sont les auxiliaires habituels et brûlants de la bonne chère, si fatale aux humains, trop souvent aussi, les commensaux assidus et corrosifs du logis de l'ouvrier.

Je ne crois pas qu'ils facilitent la digestion ; ils me semblent plutôt y mettre obstacle. Ce qui le prouve, c'est que ceux qui s'en servent dans le but d'aider au travail digestif, sont conduits à en élever la dose de jour en jour. Et, s'ils l'élèvent, n'est-ce pas parce que la paresse de l'estomac, consécutive à l'excitation du moment, les y force ou les y convie, en devenant de plus en plus grande?

Et quand les alcooliques sont devenus un besoin journalier, ils engendrent presque nécessairement dans l'économie les plus déplorables désordres. C'est alors, surtout, qu'on voit poindre, — tristes et sûrs présages d'une fin cruelle et prématurée, — ces inflammations et ces dégénérescences de l'estomac et des intestins que rien n'arrête, ou bien ces accidents cérébraux si remarquables qui lentement aboutissent à la démence et à la paralysie.

Les enfants, les jeunes gens et les femmes sont, à raison de leur organisation tendre, sensible et inflammable, tout à fait antipathiques aux boissons de cette nature, même prises exceptionnellement; et l'expérience prouve qu'ils doivent s'en abstenir partout et toujours. En ce qui les concerne, l'interdiction est franche, absolue, inflexible.

L'homme fait, pour qui nous pouvons nous départir de cette extrême rigueur, n'usera des alcooliques que sobrement, rarement, de loin en loin, de manière à n'en pas contracter l'habitude.

Il n'y aura jamais recours *à jeun :* il ne recherchera donc pas l'excitation du petit verre du matin, sans y avoir au moins préparé l'estomac par quelques bouchées de pain.

XV

Les excès de vin, de bière, d'eau-de-vie, de toute boisson alcoolique, en un mot, produisent l'ivresse.

L'ivresse habituelle constitue l'ivrognerie.

Ce sont deux maladies honteuses ; et il n'y a pas, entre elles, autant de différence que vous pourriez le croire ; car l'une est le commencement de l'autre, et l'on est conduit de l'une à l'autre par une pente insensible, mais nécessaire et fatale.

Elles ne sont pas communes à Lyon, je suis heureux de le dire, parce qu'ici l'ouvrier pratique plus et mieux la vie de famille que dans bien d'autres centres industriels.

Je ne vous retracerai pas le hideux et stérile tableau d'un homme ivre ; je vous indiquerai seulement à grands traits quelques-uns des résultats de l'ivresse.

L'ivresse fait surgir les querelles et engendre les rixes sanglantes : l'homme ivre insulte et frappe comme un fou furieux.

L'ivresse tue la foi conjugale aussi bien que la continence : l'homme ivre se rue dans l'antre des prostituées.

L'ivresse étouffe la réserve et la décence, l'honnêteté et la discrétion : l'homme ivre ne respecte rien de ce qui est sacré, ni l'autorité, ni un secret, ni l'innocence de ses enfants.

L'ivresse suscite la honte, le mépris, les regrets, la maladie : l'homme ivre est la risée des enfants et des sots ; il éloigne de lui les sages ; il se procure un réveil amer, et il éprouve que, si les dépenses de la veille ont été folles, la journée du lendemain n'est pas bonne pour le travail.

L'ivresse expose à tous les accidents de la voie publique, à la mort subite par l'apoplexie et par les convulsions, enfin à l'ivrognerie : l'homme ivre ne se réveille pas toujours de son lourd sommeil, et il peut se réveiller ou infirme, ou ivrogne.

Ne vous enivrez donc jamais, ne fût-ce qu'une fois, puisque l'ivresse a de si terribles conséquences.

L'ivrognerie est une des maladies les plus difficiles à guérir.

Elle consume rapidement les forces de la vie, et amène, avec une vieillesse précoce, une foule de désordres qui ont pour siéges le ventre et la tête.

Elle produit le tremblement des membres et le délire.

Que de cancers, que d'aliénations mentales parmi les victimes de cette passion funeste !

Combien d'incorrigibles qui tombent dans une sorte d'abrutissement physique et moral, et, en donnant l'exemple de leur propre ruine, préparent autant qu'il est en eux la ruine de l'espèce humaine !

Que leur dirais-je, qu'ils ne sentent trop bien eux-mêmes quand, les vapeurs alcooliques dissipées, une lueur d'intelligence les éclaire ?...

C'est donc aux imprévoyants, aux imprudents seuls que je m'adresserai pour leur dire : l'abus du tabac et des stimulants de toute sorte, l'abus des plaisirs des sens, très-souvent la paresse, ou encore, le trouble d'une conscience qui a besoin de s'étourdir, voilà les pourvoyeurs ordinaires de l'ivresse, voilà les agents infatigables qui mettent l'homme sur la route du vice le plus dégradant de l'humanité, et l'y poussent sans rémission. Soyez modérés dans vos plaisirs, aimez le travail, gardez la paix du cœur, et la tempérance vous sera donnée par surcroît.

XVI

Il me reste à parler de deux espèces de boissons excitantes, assez communément employées, le *café* et le *thé*.

Le *café* est fort goûté dans toutes les classes; mais il n'est pas pris par tout le monde aux mêmes heures, ni dans les mêmes conditions.

Le riche hume lentement son moka après des repas plus vaillants que sages.

L'ouvrier, dont la table n'est pas surchargée d'aliments et qui digère bien, boit sa modeste tasse, le plus souvent à jeun, pour se donner du cœur à l'ouvrage.

Font-ils bien? font-ils mal? Je vais essayer de répondre à cette question.

En premier lieu, il est douteux que le café soit nourrissant. Il semble même qu'on a la preuve du contraire, puisque son usage amaigrit et dessèche les natures très-irritables, et qu'il convient surtout aux personnes affligées d'un excès d'embonpoint.

Il est notoire, en second lieu, que, pris avant les repas, loin d'aiguillonner l'appétit, il le fait disparaître. Et c'est à cette vertu négative que l'ouvrier, qui en use à jeun, doit d'attendre plus patiemment l'heure du déjeuner.

Il est admis enfin que le café est une boisson hautement stimulante. A ce titre, il doit, comme toutes les boissons de ce genre, qui doublent d'abord l'énergie de toutes les facultés, accroître la faiblesse quand l'excitation qu'il provoque s'est dissipée.

Donc, le coup du matin est, pour la tasse de café comme pour le petit verre d'eau-de-vie, plus nuisible qu'utile, puisqu'il ôte l'appétit, ne nourrit pas, et dépose dans l'estomac le germe d'une paresse dangereuse.

Donc, les personnes qui n'ont pas besoin d'être excitées, les enfants surtout, les jeunes gens, les femmes nerveuses s'en interdiront rigoureusement l'usage.

Rassurez-vous, je n'étendrai pas plus loin la proscription. J'en atténuerai même la portée en ajoutant que, pris à petites doses, *avec de bons aliments*, il peut quelquefois être utile, et contribuer, par exemple, à fortifier les constitutions molles et faibles.

C'est un bon remède pour combattre l'assoupissement de l'ivresse produite par les alcooliques.

Mais, en aucun cas, n'oubliez que c'est un excitateur puissant, dont il ne faut pas user tous les jours, et dont l'abus peut, à l'égal de tous les excitateurs, pour quelques légers services rendus dans le présent, se faire chèrement payer dans l'avenir.

L'humble poudre de chicorée que des âmes vénales et cupides associent au café, tout en procurant un gain illicite, n'a cependant pas d'inconvénient pour la santé.

Mettre le café au lait à la place de la soupe, c'est joindre aux fâcheux effets du café ceux non moins regrettables que j'ai signalés à l'occasion du lait.

L'ouvrier n'emploie guère le *thé* qu'à titre de remède; et il aurait grandement raison, s'il savait toujours choisir le moment où son administration est opportune.

Les qualités stimulantes de cette feuille étrangère la rendent très-propre à faciliter la digestion d'un aliment lourd ou d'un repas copieux, à combattre l'indigestion due à une surcharge d'aliments, et à provoquer la sueur dans le cas de refroidissement simple.

Mais, quand la digestion est arrêtée plutôt par un excès de boissons spiritueuses que par la quantité des aliments; quand à l'indigestion ont succédé une chaleur brûlante, une soif vive, la sécheresse de la bouche et de la langue; quand le *chaud* et *froid* se complique de symptômes semblables : dans toutes ces circonstances, il est prudent de s'abstenir de cette boisson excitante, sous peine d'aggraver le mal par le remède.

Les Anglais et les Hollandais, qui font du thé un usage excessif, qui en boivent à tout propos et hors de propos, sont très-sujets aux maux de nerfs.

XVII

Je termine par quelques remarques sur les ustensiles de cuisine. Ils demandent une grande attention lorsqu'on veut conserver sa santé, et ne pas s'exposer aux dangers de l'empoisonnement.

Les vases de plomb ou de zinc doivent être complétement rejetés de l'intérieur des familles. Ils communiquent, même à l'eau la plus pure, des propriétés vénéneuses.

Ceux d'étain deviennent dangereux, quand des aliments acides, salés ou albumineux (blanc d'œuf), y séjournent trop longtemps.

Tout le monde sait que le vert-de-gris, qui se forme dans les vases de cuivre par le refroidissement des liquides, est un poison mortel. L'étamage, qui a pour but d'écarter ce danger, veut une active surveillance, et doit être tel qu'aucune partie du cuivre ne reste à nu.

Il serait à désirer qu'on remplaçât par des robinets en bois ou en verre les robinets de cuivre adaptés aux tonneaux qui contiennent le vin et surtout le vinaigre.

Le fer, la terre cuite, le grès, la faïence, la porcelaine et le verre devraient servir seuls aux usages culinaires. Et encore faut-il savoir qu'il est dangereux de faire bouillir dans des vases de terre cuite une matière acide : le vernis, dont leur intérieur est enduit, étant un composé d'oxyde de plomb qui peut se dissoudre et empoisonner.

L'innocuité de l'argent, sa résistance au feu, son inaltérabilité en face de tous les réactifs chimiques de la cuisine, son insipidité, sa propreté si facile à entretenir placent ce précieux métal au premier rang pour les apprêts des repas et les besoins de la table.

Mais, hélas ! une vaisselle d'argent est presque une fortune ; et il est telle pièce d'argenterie, en ce genre, qui dépasse assurément la valeur du mobilier tout entier de plus d'un jeune ménage.

Il a bien fallu se rejeter sur le fer qui, à l'état de fonte, de fer battu et de fer-blanc, constitue la batterie de cuisine la plus saine, la plus solide, la plus économique, la plus usuelle et la plus répandue. Mais le fer se rouille, et, rouillé ou non, il communique aux aliments une saveur métallique peu agréable.

Il appartenait à la chimie, cette science toute moderne et presque toute française, de réaliser un progrès immense, en créant exprès pour les besoins du peuple, un rival à l'argent, un rival heureux et à bon marché. Ce progrès est en partie accompli ; et l'*aluminium*, dû aux récentes découvertes de M. Sainte-Claire Deville, pourra bientôt, en se substituant au cuivre et au fer, répandre et populariser le luxe d'une nouvelle argenterie. « Ce n'est pas sans un mouvement d'admiration, dit un journal (1) qui rend compte de ce fait, que les membres de l'Académie des sciences et l'auditoire ont vu et entendu ré-

(1) Le *Courrier de Lyon*, 1855.

sonner dans leurs mains de nombreux lingots d'aluminium, d'une blancheur et d'une pureté parfaites, d'une inaltérabilité à toute épreuve, qu'on eût pris pour des lingots d'argent, si ce n'était leur légèreté exceptionnelle. »

Ce métal, extrait des terres argileuses par des procédés particuliers que le génie de leur auteur s'applique à rendre de moins en moins dispendieux, sera un jour entre les mains de tout le monde, et contribuera, pour sa part, au confortable et au bien-être de l'ouvrier.

CHAPITRE IV.

LE TRAVAIL.

In sudore vultus tui vesceris pane.
Genèse, chap. III, v. 19.

Tu mangeras ton pain à la sueur de ton front.

SOMMAIRE.

I. Nécessité du travail : le travail fait l'homme fort et le conserve.

II. Nécessité du repos pour assurer le bienfait du travail : repos du jour, repos de la nuit, repos du dimanche.

III. Remarque importante sur les inconvénients attachés à l'exercice des diverses professions, et sur les moyens d'y remédier.

IV. Tisseurs : inconvénients de leur profession et moyens d'y remédier.

V. Ouvriers sédentaires ou qui travaillent assis : inconvénients, et moyens d'en atténuer la portée.

VI. Ouvriers qui travaillent ou emploient le plomb, le mercure, le cuivre ; ouvriers des fabriques d'acides minéraux, de soude, d'eau de javelle ; ouvriers employés au soufrage de la soie : dangers et moyens de s'en garantir.

VII. Ouvriers exposés à la vapeur du charbon, à celle des fours à chaux, des cuves de raisins, des brasseries : dangers et moyens de s'y soustraire ; premiers soins à donner dans le cas d'asphyxie produite par le gaz acide carbonique.

VIII. Ouvriers qui travaillent au milieu de poussières de nature diverse; ouvriers des manufactures de tabac : inconvénients et précautions.

IX. Ouvriers soumis à l'influence de l'humidité : inconvénients et précautions.

X. Ouvriers soumis à l'influence d'une chaleur artificielle excessive : inconvénients et précautions.

XI. Ouvriers qui portent des fardeaux : inconvénients et précautions.

XII. Ouvriers exposés au contact et aux émanations d'animaux malades, ou de débris d'animaux putréfiés : dangers et préservatifs.

XIII. Vidangeurs : dangers et préservatifs.

I

Vous savez maintenant que l'air et les aliments sont en rapport avec des besoins spéciaux de l'économie, et que la respiration et la digestion, se prêtant un mutuel et essentiel concours, tendent, en définitive, à un but commun, la nutrition.

C'est à ce même but que vous allez voir converger le travail qui, répondant, lui aussi, à un besoin primordial de l'organisme, va mettre en jeu une nouvelle et importante fonction du corps humain, le *mouvement* (MOTILITÉ).

La mise en jeu des organes du mouvement par le travail, — en prenant ce mot dans sa plus large acception, — active la respiration, accroît la chaleur, aiguise l'appétit, rend les digestions plus parfaites et assure une meilleure répartition des matériaux destinés à nous nourrir.

Comment douter de cette influence bienfaisante, conservatrice du bien-être, quand on a sous les yeux les maladies énervantes de tout genre qui tourmentent les oisifs ; quand on voit, tous les jours, un certain nombre d'hommes, artisans privilégiés d'une fortune laborieusement acquise, perdre brusquement une santé jusque-là prospère, ou trouver une prompte mort, dans les langueurs du repos ?

Le travail fait l'homme fort et le conserve.

Pouvait-il en être autrement, puisque le travail est la loi de l'humanité ?... La nature ne nous a pas faits les enfants de l'abondance et de la mollesse... En le jetant nu et pauvre sur la terre pauvre et nue, elle a dit à l'homme :

« Tu mangeras ton pain à la sueur de ton front. »

Mais, avec une prévoyance toute maternelle, elle a mis en lui une force compatible avec le travail et qui l'appelle, ennemie de l'inaction qu'elle repousse. Et c'est une preuve de plus de la sagesse du suprême ordonnateur de toutes choses, d'avoir fait du labeur de chaque jour une des conditions de la santé !

Qu'est-ce à dire ?..... Le travail met-il donc l'homme à l'abri de toute maladie ?

Non. La nature a ses mystères ; elle ne l'a pas voulu.

La mort est notre lot à tous, et la douleur qui passe n'est que la voix universelle chargée de nous en faire souvenir.

Le travail a ses invalides et ses martyrs, même en ne tenant pas compte de l'oubli ou du froissement des préceptes hygiéniques. Et, telle est son influence incessante et profonde sur la vie, que chaque classe de travailleurs a, pour ainsi dire, son régime, ses mœurs, ses habitudes, ses maladies, conséquence plus ou moins forcée de la profession à laquelle elle se livre.

Mais, trop souvent aussi, nos libres écarts ont plus de part que le travail ou la volonté expresse de la nature, dans les maladies qui nous affligent : ce sont nos fautes, ce sont nos erreurs qui grossissent le torrent des infirmités et des misères humaines.

L'ignorance, l'insouciance, la négligence, les excès de toute sorte entrent, pour plus qu'on ne pense, et il faut le dire bien haut, dans le développement des influences perturbatrices qui assiégent chaque profession. Combien de fois alors, il suffirait de *savoir* et de *vouloir*, pour en paralyser l'essor pernicieux !

Les progrès de la science perfectionnent sans cesse les procédés compromettants, dans toutes les branches de l'industrie, dans l'usine et dans l'atelier ; et ces perfectionnements se traduisent en améliorations qui diminuent de plus en plus les risques de l'ouvrier. Mais, il n'en faut pas moins continuer à se garder soi-même, et mettre en pratique, dans toutes les circonstances de la vie qui en comportent l'application, les conseils si simples de l'hygiène. Que les hommes de bonne volonté prêtent l'oreille : il dépend d'eux d'atténuer sensiblement, — sinon, de tout à fait détruire, — ce qu'il peut y avoir de dangereux ou de défavorable dans l'assujettissement au travail.

II

Les excès de travail sont lentement mais sûrement funestes.

Tout travail qui dépasse les forces produit la lassitude, le malaise, la souffrance, et, à la longue, l'épuisement.

Le bœuf surmené, c'est-à-dire excédé par la marche, par des fatigues sans cesse ni relâche, meurt de maladies charbonneuses ou putrides.

Vous croyez-vous plus fort que le bœuf?

Un travail modéré et régulier, outre qu'il est ordinairement salutaire, conduit, d'ailleurs, à de plus grands résultats qu'un travail forcé.

Sa durée habituelle ne devrait pas dépasser 12 ou 14 heures pour les hommes, et 10 ou 12 heures pour les femmes. L'on conçoit sans peine qu'elle doit être moindre pour les enfants.

Cette dernière est réglée par une loi (1) qui, après avoir limité à 8 ans l'âge d'admission dans les manufactures, usines ou ateliers, fixe à 8 heures jusqu'à la douzième année, et à 10 heures jusqu'à la seizième, la durée du travail effectif.

Ces sages dispositions, dues aux paternelles préoccupations du législateur, sont sans effet à Lyon.

Et l'enfant qui a été dressé à *lancer*, ou à *tirer les fers*, poursuit sa tâche quotidienne, sans distinction d'âge, depuis 5 heures du matin jusqu'à 9 et 11 heures du soir; c'est-à-dire pendant un laps de temps double de celui que la loi autorise, et plus que suffisant pour stériliser en lui les richesses de l'organisation la mieux douée.

Ne serait-il pas convenable de mettre un terme à cette exploitation illégale et inhumaine de frêles créatures que leur faiblesse recommande naturellement à la protection de tous?

Et serait-il si difficile de répartir entre deux enfants, qui se succéderaient alternativement dans la même journée, la somme de travail exigée pour le service de chaque *métier*?

Pour retirer du travail les avantages hygiéniques

(1) La loi du 24 mars 1841, relative au travail des enfants employés dans les manufactures, usines et ateliers

qui y sont attachés, il ne suffit pas de le proportionner aux forces et d'en circonscrire la durée selon l'âge de l'ouvrier ; il faut encore qu'il soit coupé par des temps d'arrêt, divisé par des repos.

A ce point de vue, la succession des trois repas amène une heureuse diversion, et il est vrai de dire qu'elle réconforte doublement le travailleur.

Mais le repos de la nuit est plus essentiel encore.

Le sommeil est un besoin impérieux, qui se renouvelle chaque jour, et auquel on ne peut se soustraire. Et la coïncidence constante, universelle, de ce besoin, avec le retour périodique des nuits, est une preuve que la nature a entendu fixer l'heure où il doit être satisfait.

C'est pourquoi, le meilleur sommeil est celui qui est pris la nuit.

D'ailleurs, il est d'observation que les veilles prolongées, en excédant les forces, s'attaquent à la source même d'où celles-ci émanent, l'épuisent sans retour, et abrégent notablement la durée de la vie.

La santé de l'homme se retrempe dans le sommeil : il y oublie ses fatigues et les répare ; il y puise une énergie et une vigueur nouvelles ; et il se réveille frais, dispos, transformé, apte à supporter derechef le poids du jour et de la chaleur.

Les travaux nocturnes sont donc de la plus dangereuse espèce.

Les enfants, les jeunes gens et les femmes doivent dormir plus longtemps que l'homme fait; celui-ci a besoin d'un sommeil plus prolongé que le vieillard.

Six ou sept heures de sommeil suffisent à l'homme dans la force de l'âge.

Je ne vous entretiendrai pas des dangers de la paresse, ni de ceux d'un sommeil de trop longue durée... De tels vices, causes notoires d'engourdissement de toutes les facultés, au physique et au moral, ne sont pas faciles à l'ouvrier.

Ces interruptions quotidiennes du travail ne sont pas les seules qui nous soient commandées par le soin de notre propre conservation.

La magistrature et le barreau, la bureaucratie, le commerce et la finance, les arts, l'enseignement, les académies ont leurs jours fériés et leurs vacances.

Seul, dans la société, le médecin ne peut disposer d'un jour pour délasser son esprit et son corps. Il prêche la nécessité du repos, et le repos ne lui est jamais permis! Sublime contradiction qui, en escomptant le nombre de ses années au profit de tout ce qui souffre, lui ôte jusqu'au droit de se plaindre, et donne à sa mission le caractère de l'apostolat!

N'en doutez pas, le repos du septième jour de la semaine, particulièrement institué en vue de ceux qui vivent du travail de leurs mains est, religion à part, admirablement en harmonie avec les besoins de l'homme et tout à fait conforme aux plus saines prescriptions de l'hygiène.

La preuve, c'est que, si l'on voit quelques esprits forts se révolter à la pensée de chômer le dimanche, on remarque qu'ils ne manquent guère, pour la plupart, de fêter le lundi.

Et d'ailleurs, si, dans les conditions ordinaires d'un travail modéré, l'organisme éprouve les effets salutaires du mouvement, il est hors de doute cependant que ces effets seront insuffisants et incomplets, toutes les fois que, selon les exigences de la profession, on sera astreint à rester, durant de longues heures, debout ou assis, penché ou courbé, dans une attitude vicieuse ou incommode, invariablement assujetti à l'exercice exclusif de certaines parties du corps.

Dans toutes ces circonstances, où l'on sent instinctivement le besoin de donner aux muscles condamnés à l'inaction le mouvement qui leur manque, est-ce trop d'un jour, je vous le demande, pour satisfaire à ces pressantes sollicitations de la nature? Est-ce trop d'un jour pour s'évertuer à rétablir, par le libre fonctionnement de tous, un juste équilibre entre les nombreux ressorts de la mécanique humaine?

Donc, le dimanche devrait être *en partie* consacré à quelque exercice actif, hors du logis, loin de la ville, s'il se peut, sous le ciel embaumé des campagnes.

Cette espèce de gymnastique, pour être sans art, n'en serait pas moins d'un grand profit; et elle mériterait d'occuper une place importante parmi les délassements de ce jour.

Comprendrait-on un être raisonnable, enfermé à vie dans un atelier souvent mal aéré, contraint à la répétition monotone d'une série invariable de mouvements très-limités, et qui, un jour sur sept, rendu à la liberté, maître de ses actions, au lieu de se secouer au grand air, au lieu de se ragaillardir au soleil, irait se claquemurer derechef, s'immobiliser, s'accroupir dans des lieux pires que ceux qu'il vient de quitter?

Et n'est-ce pas à cette pratique injustifiable que s'abandonnent les tristes habitués du cabaret?

Je n'insisterai pas sur ce point.

Sans parler de la bourse qui s'épuise en folles dépenses, et des liens de famille qui insensiblement se relâchent; sans parler de la nocuité flagrante des boissons alcooliques prises à vide, j'en ai dit assez pour montrer aux sages que le cabaret prépare sûrement la ruine de ses hôtes inconsidérés.

III

Nous devons le dire, et nous voudrions vous faire partager notre conviction à cet égard, le grand art de conserver sa santé en travaillant, consiste moins dans l'accomplissement, même minutieux, de quelques pratiques particulières, que dans l'observation incessante, raisonnée, consciencieuse, de l'ensemble des règles de l'hygiène.

Cette réflexion fondamentale s'applique aux travailleurs de toute classe : il y aurait péril à l'oublier.

Toutefois, en tenant compte des conditions dominantes dans l'exercice de chaque profession, il est possible d'en déduire certaines indications précises, en petit nombre et très-simples, qui concourront à protéger la vie contre des influences exceptionnelles.

Nous allons donc passer en revue les principales professions manuelles, en les groupant d'après leur caractère le plus saillant; et nous noterons sommairement les précautions à prendre, qui ressortent évidentes de l'appréciation de ce caractère.

IV

Commençons notre revue, et c'est justice, par cette famille si considérable d'artisans dont les inimitables chefs-d'œuvre assurent à Lyon sa suprématie industrielle.

Le *tisseur* présente, comme un trait distinctif, une sorte de constitution acquise particulière qui se résume dans un défaut général d'énergie et de résistance vitales,

Cette disposition intime,. en communiquant à toutes les fonctions une remarquable lenteur, se reflète sur la physionomie de l'ouvrier, s'empreint dans son habitude extérieure, et le rend malhabile à se défendre des intempéries de l'air et des saisons, ou à supporter toute autre fatigue que celle de son travail habituel.

N'est-il pas vrai que les travaux de terrassement, auxquels on le convie dans les temps de chômage, lui sont plus durs et plus funestes qu'à personne?

L'enflûre *de la jambe qui repose*, — légère incommodité que dissipe, il est vrai, le repos de la nuit, — la dilatation exagérée des veines des membres inférieurs (*veines cassées*), — accident plus durable qu'aggravent les années, — résultent en partie de cette débilité presque maladive.

Malgré les améliorations apportées à l'art du tissage depuis soixante ans, et quoiqu'il n'offre rien d'insalubre, le fait que je signale n'en est pas moins incontestable. Sans doute, il existait à un degré plus prononcé dans les siècles précédents et jusqu'au commencement de celui-ci..... Le portrait que je pourrais vous esquisser d'après nature, de la santé délabrée du *canut* de ces temps reculés, en vous inspirant un juste effroi, le prouverait au besoin..... Eh bien ! aux yeux de l'observateur attentif, l'organisation du tisseur de nos jours porte encore la trace de cette espèce de déchéance qui, en outre des maladies dont elle le menace, lui fait courir le risque de donner le jour à des enfants plus débiles que leur père, et voués fatalement par avance au rachitisme, aux scrofules, à la phthisie pulmonaire !

Quelle en est la cause?

Un semblable résultat n'est pas uniquement dû à la nature sédentaire de la profession. Il ne faut pas non plus l'attribuer seulement à l'action toute spéciale du climat de Lyon.

Il tient aussi à l'influence singulièrement affaiblissante d'un travail journalier de 16 à 18 heures, dans des ateliers encombrés où l'air se renouvelle difficilement. Il tient, surtout, au régime trop peu animalisé dont cette classe de travailleurs fait généralement usage, soit par nécessité, soit par suite de l'esprit d'économie et de frugalité qui lui est propre.

On ne saurait donc trop recommander à tous de modifier de plus en plus cet état de choses, en choisissant des habitations saines et bien exposées, comme le sont la plupart de celles de la Croix-Rousse, de Saint-Irénée, de Perrache, des Brotteaux; en appliquant à leurs demeures un sage système d'aération; en donnant à la journée une durée moindre; en usant méthodiquement du bain froid dans la saison convenable, et en adjoignant plus fréquemment la viande à leur modeste pitance.

Une courte et rapide promenade, avant de se livrer au sommeil, renouvellerait utilement, chaque soir, les bons effets de la gymnastique dominicale.

Mais, qu'on se garde bien de l'habitude, commune au plus grand nombre, de s'asseoir ou de former des cercles, sur les quais ou sur les places publiques, à la fin du travail de la journée. Autant l'animation produite par la marche serait profitable, autant l'inaction, à pareille heure, peut devenir dangereuse, en diminuant la faculté de réagir contre les humides vapeurs de la nuit.

Et si, — conformément à ce que nous dirons, dans le chapitre consacré au mariage, de la nécessité de croiser les races pour les améliorer et en renouveler la vigueur, — il était possible à l'ouvrier de la ville de prendre femme au village, — à l'ouvrière, d'y trouver un mari, — je suis convaincu que, dans un avenir prochain, la santé florissante du tisseur ne laisserait plus rien à désirer.

V

L'immobilité du corps est la condition et l'inconvénient des professions sédentaires, de toutes celles qui exigent la position assise.

Elle convient peu à l'organisation qui a besoin d'activité et de mouvement pour l'accomplissement et le jeu régulier de ses fonctions.

Quand cette activité manque, la lenteur et la difficulté des digestions, la constipation et les hémorrhoïdes, les maux de tête, les maladies de la peau et des voies urinaires avertissent l'homme que la machine en a reçu le contre-coup.

Les palpitations et les pâles couleurs, chez les jeunes filles, les pertes et les fausses couches, chez les femmes, n'ont souvent pas d'autre cause qu'une immobilité trop prolongée.

Parmi les artisans qui subissent à un haut degré cette influence défavorable, je mets en première ligne les cordonniers, les tailleurs, les ouvrières à l'aiguille, les ourdisseuses, les dévideuses, les lisseuses, les bourreliers, les selliers...

Combattre ses effets n'est pas chose facile, puisqu'ils sont entretenus par le travail de la journée, qui est nécessaire à l'ouvrier pour subvenir à ses besoins.

Cependant, le choix d'une alimentation substantielle, non échauffante, et de facile digestion; une boisson douce, telle que celle qui résulte d'un mélange de vin et d'eau de Saint-Galmier; l'abstention rigoureuse des alcooliques; l'usage répété du bain tiède; une promenade quotidienne, destinée à réveiller l'action musculaire engourdie : voilà de précieux auxiliaires qui, employés avec persévérance et discernement, ne sauraient rester stériles.

Enfin, les ouvriers sédentaires doivent se tenir pour avertis de faire de l'exercice les jours de fête, et de compenser, par l'activité d'un jour, le mal qu'ils contractent par un repos exact de plusieurs (1).

Les cordonniers souffrent assez souvent à l'estomac de la pression, sur cette région, de divers instruments de leur état... En portant un plastron résistant, sur lequel s'épuiserait tout l'effort, ils se mettront à l'abri de cette souffrance.

Il leur arrive encore, ainsi qu'aux graveurs, des maux d'yeux et un affaiblissement précoce de la vue, dus à ce que, pour voir davantage, ils placent un

(1) Ramazzini, *Essai sur les maladies des artisans.*

globe rempli d'eau, entre leur ouvrage et la lampe qui les éclaire.

Pour obvier à cet inconvénient, sans nuire à la clarté qu'ils désirent, on leur conseille de donner au liquide contenu dans ce globe une légère teinte bleue ou verte, très-propre à adoucir et à rendre supportable l'éclat de la lumière.

VI

La profession de divers arts et métiers expose un grand nombre d'ouvriers aux émanations du mercure, du plomb, de l'arsenic, du cuivre, du zinc, du chlore, du soufre, de divers acides minéraux.

Voyons en quoi consiste le danger, et quels sont les moyens de s'y soustraire.

Plomb. — Tous ceux qui travaillent ce métal à chaud, soit pour le purifier, le couler en lames ou en balles; soit pour l'approprier à d'autres usages, comme les plombiers, les fondeurs en caractères d'imprimerie, les étameurs; les fabricants de litharge, de minium, de blanc de céruse; les ouvriers qui emploient ces composés, tels que peintres en bâtiments ou en voitures, broyeurs de couleur, etc., vivent plus ou moins au milieu d'une atmosphère imprégnée d'émanations plombiques, et y contractent souvent une maladie grave, susceptible de revêtir plusieurs formes, et, dans chacune, de se montrer à des degrés divers.

C'est une espèce d'empoisonnement caractérisé, tantôt par de violentes douleurs d'entrailles nommées, à cause de leur origine, coliques de plomb; tantôt par des convulsions et du délire; ou bien par la cécité, la surdité et la paralysie des membres: tous accidents redoutables qui déterminent une caducité précoce, quand ils ne conduisent pas à une mort prématurée.

L'ouvrier est, d'ordinaire, averti de leur prochaine invasion par une mauvaise haleine, une saveur sucrée, la perte de l'appétit et l'altération du teint qui apparaît d'un jaune terreux; en même temps, les forces diminuent, les selles deviennent rares et difficiles.

A l'apparition de ces signes avant-coureurs de la maladie, on peut espérer d'en conjurer l'explosion, à l'aide des moyens suivants: suspendre momentanément son travail, se débarrasser du poison, à l'extérieur, par un bain et le renouvellement du linge, à l'intérieur, par un purgatif, — l'eau de Sedlitz, par exemple, — faire de l'exercice en plein air, et se bien nourrir.

Si, nonobstant ces précautions, la maladie se déclare, c'est agir prudemment, sans attendre une récidive, que de renoncer à sa profession pour toujours.

Il serait grandement à désirer que le blanc de céruse,— celle de toutes les combinaisons plombiques qui fait le plus de victimes, — cédât définitivement la place au blanc de zinc, — préparation tout à fait inoffensive et qui a fait ses preuves entre les mains des expérimentateurs. Cette substitution, applaudie par l'hygiène, aurait pour effet, sans nuire aux besoins du luxe, de supprimer une partie des calamités dont il est l'auteur. Déjà, un arrêté ministériel (1) l'a rendue obligatoire pour tous les travaux publics.

Cuivre. — L'action des émanations cuivreuses sur la santé de l'homme est bien moins meurtrière que celle du plomb.

Il paraît même certain qu'elle n'engendre aucune maladie particulière, tant qu'on opère sur le cuivre rouge et pur ; et que les accidents observés de loin en loin, — coliques, diarrhée, vomissements, — résultent uniquement de la présence du vert-de-gris qui se forme si facilement sur ce métal et dont les propriétés vénéneuses sont incontestables.

Les chaudronniers, les épingliers, les bijoutiers, les polisseurs, lamineurs, tourneurs, limeurs et fon-

(1) Arrêté ministériel du 24 août 1849.

deurs en cuivre, en fournissent quelques exemples.

Ces derniers rapportent encore au cuivre jaune, — alliage, comme on sait, de deux parties de cuivre et d'une partie de zinc, — certains troubles fonctionnels qu'ils éprouvent parfois, à la suite de leurs opérations de fonte et de coulage, et qui consistent en une sensation d'âcreté et de picotement dans la gorge, accompagnée de suffocation et de toux, de coliques et de vomissements.

Et ces effets n'ont rien qui doive surprendre, quand on connaît les propriétés irritantes des vapeurs du zinc en fusion, et quand il est constant que le zinc du commerce contient, entre autres éléments impurs, de l'arsenic, c'est-à-dire le plus volatil et le plus violent des poisons minéraux.

Mercure. — Les émanations du mercure employé à l'étamage des glaces et à la dorure sur métaux compromettent trop souvent la santé et la vie de ceux qui pratiquent ces arts dangereux.

Elles peuvent, comme je l'ai vu, donner naissance à des ulcérations très-douloureuses de la bouche, avec vacillation des dents, ou à une altération profonde du sang, avec décoloration de tous les organes.

Pour l'ordinaire, elles produisent des douleurs aux jointures des poignets, des coudes, des genoux, des pieds, puis des phénomènes cérébraux et le tremblement des membres. L'ouvrier languit quelques années en cet état et meurt de consomption ou d'apoplexie (1).

A la manufacture des glaces de Paris, il ne lui est permis d'étamer qu'une fois par semaine.

Acides minéraux, chlore, soufre. — Les vapeurs qui se dégagent de ces produits divers, dans les grandes fabriques d'acides minéraux, d'eau de javelle, de soude, dans les soufroirs destinés au blanchîment de la soie, agissent principalement sur les voies respiratoires, et y déterminent des irritations de longue durée, prélude trop ordinaire d'incurables désorganisations.

Moyens préservatifs. — Nous ne craignons pas de le dire, les accidents que nous avons énumérés seraient plus rares, si les ateliers où ils prennent naissance offraient toujours un système suffisant d'aérage, et si l'autorité, usant de son droit de surveillance, faisait fermer impitoyablement ceux où la ventilation est imparfaite.

Avouons-le aussi : l'ouvrier met quelquefois sa gloire à braver le péril, et néglige sciemment des précautions que l'expérience lui suggère et que leur simplicité laisse à sa disposition.

Par exemple, lorsque le courant d'air établi ne peut emporter complétement au dehors toutes les molécules irritantes ou empoisonnées, résultant de

(1) M. Londe, *Élém. d'hygiène.*

certaines opérations, il reste un moyen de s'en garantir, en fixant au-devant de la bouche et des narines une éponge imbibée d'eau fraîche qui devra être nettoyée et lavée plusieurs fois par jour. C'est un moyen incommode, peut-être, mais non impraticable : pourquoi est-il si peu répandu?

Préservatif puissant, il devient, dans une foule de circonstances, une ressource à peu près forcée.

L'ouvrier qui *met les soies au soufre*, dans les ateliers de teinture, me semble appelé des premiers à en faire usage. Obligé de pénétrer dans des chambres closes, obscurcies par d'épais nuages d'acide sulfureux, il endure des souffrances cuisantes et ne tarde pas à contracter quelque grave affection pulmonaire qui le rend incapable, et de continuer ce genre de travail, et de fournir une longue carrière. Sans nuire à ses occupations, l'éponge humide supprimerait pour lui les dangers du soufrage.

Les autres soins que commandent les émanations qui nous occupent, sont l'entretien de la propreté du corps à l'aide de bains répétés, le changement fréquent du linge, les ablutions du visage, de la bouche et des mains avant les repas. Enfin, les ouvriers de cette catégorie s'abstiendront de prendre leur nourriture dans le lieu où ils travaillent ; ils s'interdiront rigoureusement toute liqueur alcoolique; ils useront du vin avec modération, et trouveront dans le lait une boisson éminemment favorable au maintien de leur santé.

VII

Le charbon de bois dégage en brûlant des vapeurs asphyxiantes, promptement mortelles, lorsqu'elles se condensent à l'intérieur d'une chambre hermétiquement fermée.

Le réchaud des repasseuses, des ferblantiers, les fourneaux des cuisinières, dépourvus de communication directe avec l'air extérieur, devraient donc être sévèrement proscrits.

Sans doute, l'aération naturelle, incessante, due aux ouvertures des portes et des fenêtres, enlève une partie des gaz délétères qui résultent de la combustion, et empêche que leur accumulation dans le lieu du travail arrive au point de déterminer la mort. Mais, ce qui en reste, mêlé à l'atmosphère de l'appartement, occasionne des pesanteurs et des maux de tête, des étourdissements, des engourdissements dans les membres, un sentiment de malaise qui ôte l'appétit et provoque des nausées.

Le gaz acide carbonique, qui est une des causes de ces accidents, — et dont telle est la puissance délétère que, lorsqu'il forme seulement un cinquième de l'air destiné à la respiration, il tue en deux minutes l'homme le plus vigoureux, — ce gaz, disons-nous, se rencontre aussi dans les fours à chaux, dans les cuves où l'on fait le vin, la bière, le cidre et dans les tonneaux où fermentent les vins nouveaux.

Le mode de construction et la disposition intérieure des fours, des celliers et des brasseries fournissent les meilleurs moyens de se prémunir contre l'action foudroyante qu'il exerce. De larges ouvertures, pratiquées aux murs de ces lieux, et opposées entre elles, en établissant de rapides courants d'air, chassent et disséminent le gaz à mesure qu'il se produit.

Aux brasseurs, aux vignerons, il est spécialement recommandé de ne jamais baisser la tête sur la cuve, au moment de la fermentation, et de travailler toujours plusieurs ensemble, afin de pouvoir s'entresecourir en temps utile.

Les chaufourniers s'entoureront de précautions analogues relativement à leurs travaux.

Et si, par suite d'un aérage nul ou incomplet, il y a lieu de supposer que le gaz se soit accumulé dans un espace fermé quelconque, on pratiquera, dans l'endroit suspect, d'abondantes aspersions de lait de chaux ou d'une lessive alcaline (1); et l'on ne se hasardera d'y

(1) Pour faire le lait de chaux, on plonge pendant deux minutes dans l'eau 3 kilogr. de chaux vive; quand la chaux est réduite en

pénétrer, qu'après s'être assuré qu'une lumière y peut continuer de brûler, sans rien perdre de l'intensité de sa flamme.

Le rappel à la vie d'une personne asphyxiée dépendant surtout de la promptitude d'application des premiers secours, on doit, sans attendre l'arrivée du médecin, se hâter d'éloigner le patient des lieux empoisonnés par le gaz méphitique.

On l'expose au grand air sur un matelas, sur une couverture de laine, sur une botte de paille, la tête et la poitrine plus élevées que le reste du corps.

On le débarrasse de tout vêtement ou lien capable de comprimer le cou, la poitrine, le ventre.

On asperge la poitrine et le visage d'eau vinaigrée froide.

On frictionne le corps et les membres avec de l'eau-de-vie, de l'eau de Cologne, de l'eau des Carmes : une brosse, un morceau de laine, remplacent avantageusement l'action de la main.

Au bout de quelques minutes, on essuie avec des serviettes chaudes les parties mouillées, et l'on recommence les frictions.

En même temps, on cherche à réveiller la respi-

poudre, on ajoute de l'eau pour la délayer, et on lance ce liquide, bien remué et troublé.

500 grammes de potasse ou de soude caustique, dissoute dans une grande quantité d'eau, constituent une lessive alcaline.

ration en dirigeant dans le nez les vapeurs soufrées d'une allumette qui commence à brûler; et l'on administre un lavement d'eau froide, mêlée avec un tiers de vinaigre, ou dans laquelle on aura mis une poignée de sel de cuisine.

Et quand on est assez heureux pour voir le malade revenu à lui-même, on lui fait prendre quelques cuillerées de bon vin, chaud et sucré.

En l'absence de tout signe de vie, il n'en faut pas moins continuer l'administration de ces secours avec persévérance, — même pendant plusieurs heures,— jusqu'à ce que le médecin ait pu se rendre sur les lieux.

VIII

Nombreuses sont les professions qui mettent l'homme dans la dure nécessité de passer sa vie au milieu d'un air plus ou moins chargé de poussières.

Nous rattachons à cette classe composée d'artisans fort divers, les plâtriers, les maçons, les tailleurs de grès ou de pierres, les statuaires, les rémouleurs, les ouvriers qui font la pointe des aiguilles; ceux qui travaillent le coton, le crin, la laine, la plume ; les scieurs de long, les meuniers, les boulangers, les pâtissiers, les amidonniers, les charbonniers.

Les poussières qui résultent de leurs travaux,

pour n'être pas des poisons, n'en exercent pas moins une action fort nuisible, tantôt sur les organes de la respiration et de la vue, qu'elles blessent à la manière des corps étrangers ; tantôt sur la peau elle-même, dont elles troublent les importantes fonctions.

La toux, le crachement de sang, les affections chroniques de la poitrine ; les maladies aiguës et chroniques des yeux; les dartres : voilà un aperçu sommaire des désordres qu'elles peuvent produire.

Ceux qui ont la poitrine délicate, ceux qui sont issus de parents asthmatiques, poitrinaires, ne devraient point embrasser de semblables professions. Car, nul n'a plus besoin qu'eux d'un air pur, et la part de l'ouvrier, pour se soustraire à l'influence défavorable que nous signalons, est nécessairement faible et très-restreinte pendant toute la durée du travail.

On préviendrait, en partie, les effets nuisibles des poussières les plus ténues, par l'emploi de l'éponge imbibée d'eau dont il a été question précédemment ; ou bien, en se couvrant le visage d'un voile de mousseline fine, propre à tamiser l'air destiné à la respiration.

On se garantirait des substances pulvérulentes les plus grossières, à l'aide du masque en toile métallique, qu'emploient du reste, fort à propos, les *casseurs* de pierres. Il protége suffisamment l'entrée des voies respiratoires, et détourne des yeux les particules acérées qui les menacent et qui peuvent en causer la perte.

Une lame de verre, interposée entre la meule et la figure de l'ouvrier qui fait la pointe des aiguilles, ou aiguise des instruments de toute nature, rendrait un service analogue.

Rappelons-nous surtout qu'on aggrave les risques de la profession par les excès ; qu'on les atténue, au contraire, par la tempérance, par les soins de propreté, par la bonne entente des règles de l'hygiène communes à tous.

Qu'il me soit permis, cependant, de faire remarquer à ceux qui l'exercent, combien est dangereux l'art de faire le pain, et d'ajouter quelques mots à leur adresse.

Tourmentés par la respiration d'une poussière très-pénétrante,— innocente par elle-même, il est vrai, mais nuisible en ce qu'elle s'introduit dans un organe où l'air le plus pur a seul droit de domicile, — les boulangers échangent le repos salutaire de la nuit pour le travail nocturne le plus fatigant. Et, comme si ce n'était point assez compromettre leur santé, ils s'exposent demi-nus à l'air froid du dehors, après une opération qui les a couverts de sueur !

Ce rude métier use vite, et l'imprévoyante habitude que je signale use plus vite encore.

Ne devraient-ils pas, la besogne achevée, endosser des vêtements convenables? Agissant ainsi, ils n'iraient point, comme ils font, de gaieté de cœur, au-devant de ces refroidissements répétés, qui moissonnent tant de victimes dans leurs rangs.

En face des dangers qui les assiégent, et en dehors des motifs d'intérêt général qu'on pourrait invoquer, je me sens disposé à rendre grâces au progrès qui dote notre bonne ville de Lyon d'une boulangerie mécanique, et je fais des vœux pour son succès. La vie d'un homme vaut la peine qu'on s'applaudisse de tout effort qui tend à la conserver; à plus forte raison, la vie d'une corporation si nombreuse et si utile.

Un mot sur les ouvriers employés à la manutention du tabac; et c'est par là que je termine ce qui a trait aux professions dans lesquelles des poussières de nature diverse jouent un rôle plus ou moins perturbateur.

La poussière du tabac n'agit pas seulement comme atome mécanique, mais comme agent doué de propriétés vénéneuses. La peau, aussi bien que les voies respiratoires, lui donnent entrée dans l'économie, et, à la longue, une altération particulière du teint, indice d'un changement profond dans l'organisation tout entière, se révèle chez ceux qui semblent d'abord le mieux résister à son influence. Cet état de la santé ne paraît pas toutefois incompatible avec une longue vie.

A leur entrée dans la manufacture, presque tous les ouvriers éprouvent des vertiges, des maux de tête, de la somnolence, des nausées, des vomissements, de la diarrhée. Mais ces accidents ne tardent pas à disparaître d'eux-mêmes et ne se reproduisent plus. S'ils persistent, s'ils s'aggravent, ce qui arrive très-rarement, l'ouvrier doit renoncer à ce genre de travail.

Il serait inutile de décrire les conditions de salubrité et d'aérage applicables aux ateliers de la manufacture, puisqu'elles ne dépendent pas de l'ouvrier. Je ne puis que recommander à celui-ci les lotions, les ablutions, les bains, tous les soins de propreté relatifs au corps, l'usage du lait, et le renvoyer, pour tout le reste, aux préceptes généraux de l'hygiène.

IX

Les mariniers, les pêcheurs, les tanneurs, les chapeliers-fouleurs, les teinturiers, les imprimeurs sur étoffes, les blanchisseuses sont, en raison de la nature de leurs occupations, plus ou moins éprouvés par l'influence débilitante de l'humidité.

Ils combattront, autant qu'il est en eux, ses fâcheux effets, en s'abstenant de tout excès, parce que l'excès, quel qu'il soit, affaiblit l'organisme.

Ils se souviendront que si une dose modérée de boisson alcoolique réveille, comme le coup de fouet, l'activité languissante ou engourdie, cette stimulation dure peu, laisse constamment à sa suite un plus profond affaissement, et devient trop souvent la cause d'une incurable maladie de l'estomac, du foie, des intestins.

Ils sauront qu'une bonne nourriture est le cordial le meilleur, le seul capable d'entretenir véritablement la force de résistance dont ils ont besoin dans leurs rudes travaux.

Ils auront le soin de se couvrir de vêtements épais, choisis entre les moins perméables à l'humidité : à ce titre, les tissus de laine semblent créés tout exprès pour leur usage.

Ils ne se feront point un jeu de laisser sécher sur eux leur linge ni leurs vêtements mouillés.

Ils se rappelleront que le sabot est la chaussure par excellence pour quiconque foule un sol toujours trempé d'eau.

Enfin, il serait d'une importance majeure que la chambre où ils viennent prendre le repos de la nuit fût très-élevée au-dessus du sol, largement éclairée, et qu'elle regardât le midi ou le levant.

Quelques blanchisseuses consacrent au séchage du linge qui leur est confié l'unique pièce qu'elles habitent. Cette imprudence est une des causes des rhumatismes et des catarrhes auxquels elles sont sujettes; et leurs enfants peuvent y puiser le germe des humeurs froides et d'une vie misérable. Je ne vois qu'un moyen de prévenir ces tristes résultats, c'est de renoncer à la déplorable coutume qui leur donne naissance.

X

Les verriers, les fabricants de porcelaine et de cristaux, les fondeurs, les chauffeurs de machines à vapeur, les forgerons, les cuisiniers, tous ceux qui, dans l'exercice de leur profession, sont soumis à une chaleur excessive, ont à se prémunir contre son action énervante.

Dans ce but, ils feront de fréquentes aspersions d'eau sur le sol, afin qu'en se vaporisant, l'eau, ainsi répandue, rafraîchisse d'autant l'air qu'ils respirent.

Ils auront à éviter tout ce qui, en dehors de leurs occupations, pourrait accroître l'agitation et l'effervescence du sang.

Leur nourriture sera donc plutôt douce qu'excitante, végétale plutôt qu'animale. Ils boiront peu de vin pur et considéreront les liqueurs fortes comme un véritable poison.

Que l'eau naturelle de Saint-Galmier devienne leur boisson usuelle et de prédilection, soit qu'il s'agisse de se désaltérer, soit qu'il faille réveiller l'appétit ou venir en aide aux forces digestives. Le privilége dont elle jouit, de pouvoir impunément se prendre froide en toute circonstance, suffirait à lui seul pour la rendre indispensable à des gens sans cesse tourmentés par la soif, et toujours ruisselants de sueur.

Ils trouveront dans le bain froid, pris à son heure, un moyen de raffermir la peau, de diminuer l'abondance de la transpiration, de s'opposer à la faiblesse qu'amène cette déperdition habituelle, et de relever, de ranimer l'énergie musculaire.

Il n'est pas besoin de leur conseiller l'emploi de vêtements légers pendant la durée du travail, parce qu'ils n'ont pour cela qu'à écouter leurs propres sensations.

Mais ce qu'il importe de leur faire remarquer, c'est qu'ils ont à redouter d'une manière toute particulière les effets dangereux du passage brusque du chaud au froid. Habitués à un haut degré de chaleur, ils n'en sont que plus sensibles à cette transition pleine de périls, qui peut leur occasionner des refroidissements mortels.

Dûment avertis, ils ne quitteront point leur ardente fournaise sans se couvrir de bons et épais vêtements, et ils s'efforceront, par une marche rapide, de réagir efficacement contre le froid de la rue.

XI

Les portefaix, les crocheteurs, les fariniers, les hommes de peine, tous ceux qui, accidentellement ou par état, sont appelés à soulever, charger, décharger, transporter des fardeaux, doivent être prévenus que l'effort nécessaire pour effectuer ce travail est dangereux, qu'il peut aboutir à l'asthme, au crachement de sang, et, plus communément, à une hernie.

On dit vulgairement de celui qui a éprouvé ce dernier accident, *qu'il s'est rompu* : irréparable infirmité, dont ne préserve point, ainsi que je l'ai expliqué ailleurs, l'usage de la ceinture, familier à ces robustes artisans; et qui peut être suivie de mort, en quelques heures, si l'on néglige d'y porter remède à l'aide d'un bandage approprié !

Point de bravade, donc! point d'effort démesuré pour faire parade de force! Point de ces sottes luttes entre camarades à qui portera le fardeau le plus lourd ! Vous voyez où cela peut conduire..... Fi de la force, quand elle n'est pas au service de la raison !

Ici, encore, je me crois obligé de le répéter : ce n'est ni aux boissons alcooliques, ni à des doses exagérées de vin qu'il faut demander un accroissement durable de vigueur.

C'est par le régime animal que se développent les formes athlétiques ; c'est par une vie exempte d'excès qu'elles se conservent.

XII

Les animaux qu'on entretient ou qu'on abat pour subvenir à diverses nécessités de la vie, font courir, dans certaines circonstances, de terribles risques à la santé.

Ils sont, en effet, parfois atteints de la *morve,* du *farcin,* du *charbon*, maladies contagieuses de la plus redoutable espèce, susceptibles de se communiquer des animaux morts ou vivants à l'homme.

Et, de plus, leurs débris destinés à alimenter tant d'arts utiles, acquièrent souvent, en se putréfiant sous l'influence de la chaleur, des qualités délétères, et répandent alors des exhalaisons très-dangereuses.

Les garçons d'écurie, les bouchers, les employés

des abattoirs, les équarrisseurs, les tanneurs, les mégissiers, les chamoiseurs, les boyaudiers, les fondeurs de suif, les chandeliers sont les plus exposés à l'action de ces deux ordres de causes génératrices d'affections graves.

Pour en neutraliser la puissance, il faut que le sol de l'atelier soit arrosé d'une solution concentrée d'hypochlorite de chaux. Cette solution a la propriété de décomposer les miasmes infectieux répandus dans l'air, et d'annuler leurs pernicieux effets sur l'économie.

Il faut aussi qu'à la moindre coupure ou écorchure, faite avec les instruments du métier, l'ouvrier suspende son travail et cautérise profondément la petite plaie, à l'aide de l'ammoniaque liquide ou d'une pointe de fer rougie au feu.

Il faut enfin associer à l'exercice de semblables professions tous les soins de propreté compatibles avec elles.

Ajoutons, en terminant, que personne ne doit coucher dans une écurie qui renferme des animaux malades du charbon, du farcin ou de la morve.

XIII

J'ai toujours eu en grande pitié les malheureux ouvriers qui se livrent au curage des fosses d'aisance.

Je n'ai jamais pu songer sans frémir à ce travail nocturne immonde et rebutant, et aux dangers qui l'accompagnent.

Aussi, chez les peuples anciens, avait-on fait de la vidange des fosses une espèce de supplice auquel on condamnait certains criminels.

C'est qu'en effet les vapeurs d'hydrogène sulfuré qui se dégagent de ce cloaque infect, sont des plus pernicieuses.

Elles peuvent produire une maladie particulière des yeux, très-douloureuse, que guérissent d'ordinaire, il est vrai, le repos, l'obscurité et les lotions tièdes, mais qui va quelquefois jusqu'à la perte de la vue.

Enfin, elles déterminent l'asphyxie et même la mort subite, si l'ouvrier s'expose aux émanations de la fosse, au moment de son ouverture, ou s'il perce sans précaution la croûte épaisse formée à la surface des matières accumulées.

Pour se mettre à l'abri de ces éventualités funestes, les vidangeurs auront soin de s'éloigner après avoir ouvert la fosse; de laisser un intervalle entre cette première opération et celle du curage; de brûler de la paille dans l'intérieur du gouffre impur, avant d'y descendre; ou de n'y pénétrer eux-mêmes qu'après s'être assurés qu'une lumière s'y conserve; enfin, de ne pas agiter trop violemment cette masse pourrie.

Il leur serait très-utile de s'humecter le visage et les mains d'une solution très-étendue d'hypochlorite de chaux, d'en asperger même leurs vêtements ; et, surtout, de ne pas se remplir l'estomac d'eau-de-vie, ce qui leur donne un courage téméraire et leur cache le danger dont ils se préserveraient facilement avec du sang-froid et de la prudence.

Tels étaient les conseils de l'hygiène, les seuls, à une époque qui n'est pas bien loin de nous.

Aujourd'hui, les récentes découvertes de la chimie permettent d'indiquer des moyens préservatifs plus efficaces, assez puissants peut-être pour couper le mal dans sa racine.

En jetant dans la fosse certaines substances désinfectantes (1), les exhalaisons putrides sont à peu près annihilées.

Aussi l'autorité, à la satisfaction générale, et pour la plus grande sécurité de cette classe de travailleurs, a-t-elle prescrit la désinfection préalable, comme une mesure dorénavant obligatoire.

De plus, mettant à profit un mécanisme bien simple, on enlève maintenant les matières au moyen d'une pompe aspirante et foulante ; et il n'est presque plus nécessaire de pénétrer dans l'antre infernal.

(1) Le sulfate de zinc et le charbon.

Mais toutes ces précautions seraient superflues, le curage simplifié, et la vie humaine complétement à l'abri de cette dégoûtante cause de maladies et de mortalité, si l'on adoptait partout le système des fosses mobiles inodores, dont l'invention est déjà ancienne.

Ce système consiste tout simplement à substituer à la fosse ordinaire à laquelle le tuyau transmet les matières, des fosses mobiles, c'est-à-dire des tonneaux qu'on place à l'extrémité du tuyau, et qu'on déplace lorsqu'ils sont pleins.

CHAPITRE V.

LE MARIAGE.

Utere, non abutere.
Buvez, ne vous enivrez pas.

SOMMAIRE.

I. Idée sommaire de l'influence physique et morale du penchant procréateur.

II. Onanisme; ses conséquences.

III. Concubinage et prostitution ; leurs conséquences.

IV. Du mariage. Danger des alliances entre personnes trop jeunes, trop âgées, ou d'âge trop inégal ; entre gens affectés de maladies héréditaires ; entre parents. Amélioration des générations par le croisement des familles.

V. D'un certain genre de stérilité volontaire qui viole le vœu de la nature.

VI. Grossesse; influence de l'imagination sur les *envies*, les *monstruosités*. Remarque sur les maladies contagieuses; conseils.

VII. Accouchement et ses suites ; soins appropriés.

VIII. Premiers soins à donner au nouveau-né.

IX. Allaitement maternel; des crèches; allaitement artificiel; allaitement étranger; choix d'une nourrice; régime de la nourrice et du nourrisson; utilité du berceau.

X. Du sevrage.

XI. Conseils sur l'éducation physique des enfants.

I

L'air, les aliments, le travail, appelés par un triple besoin de l'organisme, mettent en jeu trois grandes fonctions chargées d'assurer, par la nutrition, le maintien, la marche et le développement de la vie individuelle.

Voici venir un agent d'un autre ordre dont la mission est différente : je veux parler du penchant inné qui porte les sexes l'un vers l'autre, et qui a pour but la vie des sociétés.

A plus d'un titre, il intéresse vivement l'hygiène.

Car, comme tout se tient dans l'économie, son influence s'étend sur la nutrition qu'elle ruine et qu'elle déprave, ou qui prospère, selon le bon ou mauvais usage qu'on en fait.

Et cette influence ne s'exerce pas seulement, ainsi qu'on pourrait le croire, dans les limites de l'adolescence et de l'âge mûr, c'est-à-dire pendant toute cette longue période militante de la vie si besogneuse de nutrition ; elle se fait sentir encore bien loin dans la période de décroissance, et jusqu'à la tombe, où elle pousse prématurément les insensés, et où arrivent tardivement les sages.

Enfin, et ceci double l'importance qu'y attache

l'hygiène, le penchant procréateur touche aux plus hautes questions de morale, et embrasse non plus l'homme isolé, mais la famille tout entière.

II

La première aberration à déplorer, le premier péril à signaler en cette matière, c'est l'abus secret de soi-même, c'est l'ignominieuse recherche des plaisirs solitaires.

Trop souvent ce vice honteux, malheureusement commun aux deux sexes et également funeste à tous les deux, n'attend pas le nombre des années et exerce ses ravages dès l'âge le plus tendre. Mais, pas plus que l'enfant ou l'adolescent, l'homme fait ne résiste à ses désastreuses conséquences.

Si, en épuisant une des principales sources de la vie, il met obstacle au développement de l'organisation, trouble et enraye la croissance, il attaque aussi, use et mine sourdement la santé mieux assise de l'adulte et brise presque infailliblement la nature la mieux trempée.

De toutes les causes de décrépitude précoce, d'abâtardissement et de dégénérescence de l'espèce, si multipliées dans les grandes villes, l'onanisme est, sans contredit, la plus puissante.

Un de mes meilleurs amis, le docteur Passot, médecin du conseil des prud'hommes de Lyon, m'a souvent répété que cette passion honteuse était le fléau des apprentis pour le tissage de la soie.

Fréquemment ses fonctions l'appellent à le constater : les maux d'estomac, l'état de langueur, la faiblesse excessive de ces pauvres jeunes gens n'ont pas d'autre origine, — alors qu'ils sont portés à en accuser le *métier*, ou la mauvaise nourriture, de la meilleure foi du monde.

Enfant, celui qui s'abandonne à ce commerce impur s'étiole et s'abêtit, languit et meurt, bien souvent sans avoir pu franchir les limites de l'adolescence.

Parvenu à cet âge heureux, il peut encore contracter une de ces graves maladies qu'amène à sa suite l'épuisement ; et il s'expose à perdre, dans l'énervement journalier de ses forces, un des attributs distinctifs de l'homme, la virilité. Il le regrettera trop tard, lorsque l'heure du mariage venue, il trouvera son cœur fermé au bonheur de l'amour, et que la nature jalouse lui refusera, cruel mécompte, les douceurs de la paternité.

« Cette aberration déplorable pousse nécessaire
« ment à l'égoïsme et au mensonge, par l'isolement
« et la dissimulation, dont la nécessité continuelle
« se change en habitude. Il ne faut attendre ni fran-

« chise ni expansion de celui qui est dominé par « cette passion abrutissante. Concentré dans ses « désirs solitaires, il n'a pas désormais d'autre pré- « occupation ; il n'aime plus personne, il ne s'at- « tache plus à rien ; il ne peut plus éprouver aucune « émotion devant les grandes scènes de la nature ou « les chefs-d'œuvre des arts; il est encore moins « capable d'une impulsion généreuse, d'un acte de « dévouement ; il est mort aux sentiments de famille, « de patrie et d'humanité. S'il se corrige complète- « ment, s'il guérit ses mauvais penchants, son cer- « veau conservera plus ou moins la trace des im- « pressions qu'il a reçues dans l'enfance (1). »

Et comme si ce n'était point assez de ce déborde- ment de misères de toute espèce pour punir le cou- pable, il ne pourra cacher aux yeux les moins clair- voyants le hideux mystère de ses pratiques honteuses. Son œil éteint et voilé, son regard qui ne se lève jamais en face, son visage terne et plombé, ses mou- vements mous et incertains, son attitude affaissée, l'isolement qu'il recherche de préférence à l'agitation et aux jeux de son âge, tout, jusqu'à son état de langueur et de souffrance, sans cause apparente, viendra le trahir malgré lui et dénoncer son ignominie.

Tendres enfants, jeunes apprentis de toutes les

(1) M. Devay, *Hygiène des familles.*

professions, qui vous reconnaissez à ce portrait fidèle, voyez où vous allez, et rejetez loin de vous le levain corrupteur des désirs impurs. Dépouillez-vous, cela se peut toujours quand on le veut, de cette funeste habitude qui tue sûrement le corps et l'âme. Dépouillez-vous-en pour l'amour de vos mères; car, en préparant votre propre perte, vous travaillez à la ruine de leurs plus chères espérances.

III

Un mal étrange est descendu des hauteurs de la société. Peu à peu, il s'est infiltré dans ses diverses couches, et, gagnant toujours, de proche en proche, il est arrivé jusqu'à la base où il a merveilleusement pris racine. Erreur ou folie du jeune âge pour les uns, nécessité ou passe-temps de jeunesse pour les autres, ce mal est devenu si universel qu'à peine croit-on pouvoir y trouver à redire. Bien plus, chaque chute nouvelle s'appelle une conquête, et l'on s'en vante ! Et l'on rit, — de quoi ne rit-on pas en France? — de l'innocent privilégié qui a eu le bonheur rare aujourd'hui d'échapper à la contagion de l'exemple !

Le concubinage, puisqu'il faut l'appeler par son nom, est ce mal étrange venu du riche au pauvre, du palais à l'atelier : c'est la plaie de toutes nos grandes villes ; et Lyon, hélas ! le religieux Lyon n'a pu mettre tous ses enfants à l'abri de ses atteintes.

Ici, l'hygiène doit parler un langage sévère, le langage de la vérité.

Le commerce avec les femmes en dehors des liens du mariage, par cela seul qu'il livre sans défense les imaginations et les cœurs à tout l'attrait du changement, engendre les excès qui vont le plus sûrement à la destruction rapide de notre être.

Plus est rude le labeur de l'ouvrier, plus ce résultat est à craindre.

Si l'épuisement, triste fruit de la débauche, n'est pas toujours une cause de mort foudroyante, il s'accompagne infailliblement de la perte des forces nécessaires au travail et développe une aptitude particulière à certaines maladies.

Que d'affections de la moelle épinière, que de paralysies, de maladies de poitrine, de cancers de matrice, créés de toutes pièces dans la recherche désordonnée de la jouissance bestiale !

Ce n'est pas tout : cette vie d'excès est contraire au but final de l'union des sexes, qui est la procréation.

Les dépenses incessantes et exagérées du fluide fécondant, en s'opposant à sa maturité, détruisent sa vertu : de là, la rareté constatée et l'infériorité constante des produits du concubinage. Il engendre peu ; et les êtres auxquels il donne naissance sont chétifs, rachitiques, scrofuleux ; et, sur leur tête pèse une mortalité plus grande de moitié que celle qui atteint les enfants légitimes.

Et c'est ainsi que se confirme, selon la judicieuse remarque d'un hygiéniste cher à notre ville, la rigueur de l'anathème proféré par les livres bibliques :

« Les rejetons bâtards ne jetteront point de pro-« fondes racines, et leur tige ne s'affermira point. « Que si, avec le temps, ils poussent quelques « branches en haut, comme ils ne sont point fermes, « ils seront ébranlés par les vents, et la violence de « la tempête les arrachera jusqu'à la racine. Leurs « branches seront brisées avant d'avoir pris leur ac-« croissement ; leurs fruits seront inutiles et âpres « au goût, et l'on n'en pourra faire aucun usage (1). »

Les enfants de la femme adultère « ne prendront « point racine, et ses branches ne porteront point de « fruit (2). »

Enfin, et pour aborder un autre ordre de considérations non moins graves, la vie intellectuelle et morale ne tarde pas à ressentir le contre-coup de l'ébranlement des organes et du désordre de la vie physique.

(1) Livre de la Sagesse, chap. IV.
(2) Eccli., chap. XXIII.

La mémoire, le jugement, la réflexion s'engloutissent et se perdent dans l'animalité des excès vénériens.

« L'homme qui vit dans ces liens honteux qu'un « caprice forma et que brise un autre caprice, ferme « son cœur aux plus doux sentiments de la nature, « le respect de la femme qu'on aime, et l'amour « paternel. Comment en effet ces sentiments si dé-« licats pourraient-ils naître et se développer dans « ces unions d'aventure où les sens seuls cherchent « la satisfaction de leurs appétits grossiers (1)? »

La jeune fille qui transige avec la pudeur perd le droit de goûter les douceurs de la maternité. Il faut qu'elle se cache à tous les yeux; et, pour prix de sa faute, elle recueille l'abandon, le mépris et la misère. Heureuse encore si elle ne tombe pas déflorée et meurtrie dans la fange de la prostitution, ou si, égarée dans la voie du repentir, elle ne cherche pas dans le suicide la fin de sa courte et triste existence.

La plupart des enfants issus de ces coupables liaisons traînent une vie misérable. Flétris dans l'opinion pour une faute qui n'est pas la leur, privés d'appui et de direction, voués au découragement, entraînés par l'exemple, trop souvent ils suivent toute sorte de voies mauvaises, et perpétuent pres-

(1) M. Max Simon, *Hygiène du corps et de l'âme.*

que fatalement pour leur compte le désordre qui les a fait naître.

Parlerai-je maintenant de la fréquentation autrement dangereuse des prostituées?

Ce n'est pas seulement par ses excès qu'elle ruine le corps, déprave et flétrit l'intelligence, tue ou rend infirme une progéniture heureusement rare. La courtisane produit tout cela plus sûrement encore par la souillure contagieuse du poison qui coule dans ses veines et s'inocule sous ses lubriques caresses.

Je n'ai jamais pu voir, sans un sentiment de profonde pitié, ces pauvres vérolés venant demander à la science le secret qui doit les guérir, comme si ce secret n'en était pas un pour la science elle-même! Comme si la vérole ne couvait pas le mystère redouté de ses rechutes insondables! Comme s'il n'était pas prouvé, autre terrible mystère, que la vérole, même guérie, place celui qui l'a une fois contractée dans des conditions propres à engendrer des enfants écrouelleux, pétris d'humeurs froides!...

Puisse cette réflexion amère, mais vraie, et partie du cœur, en ébranlant leur confiance dans l'infaillibilité du remède, arrêter tant de malheureux qui courent si gaiement à l'infection et à leur perte!

O vous qui songez à l'avenir, natures aimantes et généreuses qui chercherez plus tard, dans le mariage, les saintes joies du foyer, gardez-vous de les étouffer dans ces rapprochements éphémères et coupables qui détruisent pour toujours santé, intelligence, postérité, tout enfin, jusqu'à l'amour et au bonheur !

Quant à cette inqualifiable perversion des sens qui prostitue les organes sexuels à des usages contre nature, à l'inceste, au viol, comme elle est le dernier degré de la dépravation et de la lubricité, elle est souvent aussi le terme de la raison humaine et son tombeau : triste et honteuse fin qui peuple les maisons de fous !

IV

Le mariage, par cela seul qu'il exclut l'attrait de la nouveauté et qu'il donne pour but à l'union des sexes la procréation des enfants, prévient les excès charnels qui consument, et favorise la fécondité.

Il y a plus : les gens mariés vivent plus longtemps que les célibataires mondains, et sont moins que ces derniers sujets à la folie.

Le mariage est donc une institution éminemment favorable aux intérêts de la société et de l'homme lui-même.

Mais, il est passible de beaucoup d'écarts trèspréjudiciables à la santé, et dont il importe de faire comprendre le danger.

Et d'abord, on ignore, en général, la portée mauvaise des alliances entre personnes trop jeunes, sans doute parce que les funestes conséquences qu'elles entraînent se déroulent lentement.

Ceux qui se marient trop tôt ne songent point que, leur propre croissance étant inachevée, ils consument, dans des ardeurs prématurées, les forces que la nature destinait à l'entier développement de leur être.

Outre le tort qu'ils se font en ce sens, il est clair qu'ils ne peuvent communiquer à leur œuvre le complément de vie qui leur manque à eux-mêmes; et ils engendrent ainsi des rejetons avortés, des sujets malingres, sans vigueur et incapables la plupart du temps de franchir les limites de l'enfance.

C'est sottise et gaucherie de cueillir le fruit avant qu'il soit mûr. Et l'on observe, les premiers enivrements passés, que les époux trop jeunes se dégoûtent plus facilement l'un de l'autre : de là, la série si connue des tribulations conjugales.

Les filles mariées prématurément supportent mal les fatigues de la grossesse ou les douleurs de l'enfantement, et sont très-sujettes aux fausses couches.

La jeune fille ne devrait se marier qu'après avoir

atteint l'âge de vingt ans; le jeune homme, quatre ou cinq ans plus tard.

En général, les anciens peuples se montraient plus sévères que nous en cette importante matière.

« L'âge du mariage avait été fixé par Platon à « trente ans pour les hommes.

« A Lacédémone, le mariage n'était permis qu'à « vingt-cinq ans pour les deux sexes.

« Tacite loue les anciens Germains de ce qu'ils ne « se mariaient pas avant d'avoir atteint l'âge de la « pleine vigueur : cet âge est pour les hommes entre « vingt-cinq et trente, et pour les femmes, entre vingt « et vingt-cinq ans.

« Chez les mêmes Germains, un jeune homme qui « perdait sa virginité avant vingt ans, était diffamé ! !

« Les anciens Gaulois, nos ancêtres, avaient à peu « près la même manière de voir sur le mariage et sur la pureté des mœurs (1). »

O civilisation, où est ton progrès?

Les unions qui se forment à l'arrière-saison de la vie ne sont guère plus convenables, ni moins hérissées de dangers que les alliances prématurées.

Par delà la cinquantaine, s'abstenir est d'un homme sage. Combien de sexagénaires ont trouvé, dans le lit nuptial, une fin qu'ils auraient pu retarder,

(1) Tourtelle, *Éléments d'hygiène.*

s'ils n'eussent exhumé une force dont la carrière légitime était depuis longtemps achevée (1) !

A part de rares exceptions que j'admire, et malgré quelque soudaine réminiscence de virilité, une progéniture faible, cacochyme, sujette à beaucoup de souffrances, vouée à une mort hâtive, est le lot presque assuré qui échoit à cet âge.

Et d'ailleurs, ces rejetons attardés fussent-ils beaux, bien faits, robustes entre tous, le père aurait encore la triste perspective de vivre trop peu pour protéger leur avenir.

Les unions tardives comportent un danger d'une autre sorte, par suite de la disproportion des âges. On sait depuis longtemps l'avantage que retirent les vieillards de coucher avec des personnes pleines de vie et de santé. Ce résultat est dû à certaines émanations insaisissables, mais très-communicatives, qui s'échappent de tous les corps vivants. Or, comme l'échange est mutuel, il est nécessairement défavorable au plus jeune. Et c'est ainsi que la couche nuptiale, — métamorphose inattendue et déplorable, — au lieu d'être une source de vie, peut devenir un foyer de mort.

Que l'espoir d'un établissement *avantageux* pour vos filles ne vous aveugle donc point sur l'avenir fu-

(1) M. Devay, *Hygiène des familles*.

neste que vous leur prépareriez, et à leurs descendants, en les jetant, riches de jeunesse et de santé, aux bras d'un vieillard !

Les maux, comme les biens, se transmettent par héritage. Aussi certaines maladies qui jouissent plus spécialement de ce fâcheux privilége, devraient-elles être une barrière infranchissable à toute alliance matrimoniale.

La folie, l'épilepsie, la phthisie pulmonaire, la goutte et la gravelle, les humeurs froides, les dartres, le cancer sont au nombre des affections les plus cruelles qui passent presque fatalement d'une famille à une autre, par la voie de mariages inconsidérés.

Ne vous alliez donc point avec une famille entachée d'un de ces vices héréditaires, si vous vous souciez quelque peu du sort de votre postérité.

Je ne dois pas omettre de signaler le danger trop méconnu des mariages *consanguins*, c'est-à-dire entre personnes du même sang (1).

On a observé qu'ils sont généralement une cause

(1) Ce sujet important a été traité avec tous les développements qu'il comporte dans un mémoire remarquable, sous ce titre : *Du danger des mariages consanguins*, par M. le docteur Devay, professeur de clinique interne à l'École de médecine de Lyon, ET NOUS SOMMES HEUREUX D'ANNONCER QU'ON EN TROUVERA UN RÉSUMÉ SUBSTANTIEL DANS LA *deuxième édition de l'Hygiène des familles* QUE VIENT DE PUBLIER LE MÊME AUTEUR (juin 1858).

puissante de la maladie scrofuleuse et de la dégénération de l'espèce.

La dégénération est frappante lorsque les proches parents s'unissent entre eux : leur union est le plus souvent stérile, ou, si elle devient féconde, c'est pour donner naissance la plupart du temps à des enfants débiles et sourds-muets.

La dispense papale, nécessaire pour légitimer les alliances entre parents d'un certain degré, apparaît donc ici comme le vestige d'une digue salutaire élevée contre le dépérissement de l'espèce humaine.

Comme on est parvenu à l'amélioration des animaux par le croisement des races, de même on accroît la vigueur des descendants par le mélange des familles. Et il n'est pas douteux que ce mélange, pratiqué avec discernement, ne pût faire disparaître, après trois ou quatre générations, jusqu'aux vices héréditaires eux-mêmes.

Mais, avouons-le à notre honte, on apporte plus d'attention au choix des animaux, quand il s'agit de leur appareillement, qu'on ne se préoccupe du choix des époux, quand il est question du mariage de l'homme, le roi de la création !

On voit en effet journellement se former des alliances regrettables, eu égard à la jeunesse des époux, à l'âge avancé du mari ou à la parenté des conjoints. Et des mariages ont lieu tous les jours, qui portent le germe de toutes les infirmités inhérentes aux vices héréditaires. Et les imprudents qui contractent ces unions dangereuses ne songent pas que leur existence sera nécessairement troublée et assombrie par les maladies et par la mortalité qu'ils préparent à leurs enfants.

Qui, plus que l'ouvrier, devrait se préoccuper d'éventualités semblables, et ne négliger rien pour les prévenir?

La nécessité du travail lui apprend le prix de la santé; et, puisque la nature lui a refusé la fortune, la santé acquiert entre ses mains l'importance d'un dépôt sacré qui doit se transmettre intact à la famille.

V

Si, fixant notre attention sur des rapports plus intimes, nous pénétrons jusque dans la chambre nuptiale pour en interroger les mystères, nous surprenons un désordre nouveau en opposition flagrante avec le vœu de la nature.

Né de calculs égoïstes ou ambitieux, accueilli avec faveur par un siècle pressé de jouir et qui ne croit plus à la Providence, il tend à faire du sensualisme le plus grossier le but et la fin du mariage.

On voit qu'il s'agit de la limitation apportée par des obstacles volontaires à la procréation des enfants.

Hélas ! ces manœuvres déloyales, légitimées, ce semble, par les appréhensions du père de famille qui redoute un accroissement de sa race disproportionné avec ses ressources, se retrouvent à tous les degrés de l'échelle sociale.

Je n'en parlerais pas si je n'y voyais poindre le germe des plus funestes excès.

La logique du mal est implacable : d'un excès on passe à un autre; et la pente est bien douce, quand on s'est habitué à mettre le plaisir à la place du devoir.

C'est alors que les précautions frauduleuses, pour s'accommoder aux exigences mutuelles, revêtent une forme souvent attentatoire à l'intégrité des organes.

Intelligentibus, pauca. — A bon entendeur, demi-mot.

Puis, si, par un caprice de la fortune, le but de la nature est atteint malgré le mauvais vouloir des époux, on ne rougit plus de descendre jusqu'au crime pour anéantir le fruit inattendu que le hasard a fécondé.

Qui pourrait dire combien d'infirmités précoces, combien de morts prématurées ne sont que le résultat amer et nécessaire de ce rigoureux enchaînement de causes et d'effets !

Médecin, je comprends les découragements et les défaillances du père de famille honnête, laborieux, dont le salaire est loin de s'élever en proportion du nombre toujours croissant de ses enfants.

Mais que faire? Quel conseil lui donner? Quelle conduite lui prescrire?

Gardienne avancée de la pureté des mœurs dans la société, l'Église a condamné les rapprochements frauduleux!

Protectrice éclairée des intérêts sanitaires de la famille, l'hygiène désavoue les *précautions* en les déclarant dangereuses.

Seul remède avouable, — trop insuffisant, nous en convenons, — l'allaitement maternel, si malheureusement impopulaire de nos jours, retarde fort souvent l'époque redoutée d'une nouvelle conception.

Affligeant spectacle, triste sujet de réflexion pour les cœurs sensibles! la stérilité, — je le dis à l'honneur de la femme de l'ouvrier, — est une maladie qui lui est presque inconnue; car elle est fille de l'oisiveté. Et voilà que, par une amère dérision de ce qu'on appelle la civilisation, cette femme serait réduite à maudire sa fécondité!

Oh! il ne peut en être ainsi! Un tel renversement de l'ordre établi par la nature ne saurait prévaloir. Il doit émouvoir la haute sollicitude de ceux qui, dans la vie, voient autre chose que le présent, de tous ceux qui croient aux destinées immortelles de l'humanité.

Sur la fin du dernier siècle, une main royale fondait, sous le nom de *Société de charité maternelle*, une humble institution de prévoyance. Touchante inspiration d'un cœur de reine, legs pieux destiné aux plus pauvres d'entre les enfants des hommes, l'œuvre nouvelle sourit au dévouement de la jeune mère et facilite les devoirs de l'épouse.

En fallait-il davantage pour lui donner droit de cité dans nos murs, pour lui conquérir un patronage bienveillant, chargé de la répandre et de la perpétuer?

Mais, hélas! l'offrande du riche est limitée au soulagement de la misère !

Et c'est la misère qu'il faudrait pouvoir prévenir !

Qui donnera cette prime d'encouragement à la fécondité?

Je ne sais.

Il y a au fond des entrailles de notre vieille société française un levain qui fermente toujours, un travail mystérieux qui s'ourdit sans cesse, et prépare des ressources inconnues : ayez foi dans l'avenir.

Vous souvient-il du cri de guerre des anciens preux :

Fais ce que dois, advienne que pourra?

Que cette naïve invocation à la Providence vous serve de devise, à votre tour, dans d'autres luttes à armes courtoises, où la plus douce victoire devient le prix légitime de l'accomplissement du vœu de la nature !

Animés de cette noble confiance que je voudrais faire passer dans vos âmes, vous conserverez à votre corps la santé ; au mariage, sa dignité ; à la fécondité, son honneur et son lustre.

VI

La grossesse est un état si approprié à l'organisation de la femme, et la nature a si bien coordonné toute chose dans ce but, que, le plus souvent, aucune indisposition sérieuse ne vient entraver la marche de cette importante fonction.

Bien plus, on voit des femmes qui ne se portent jamais mieux que lorsqu'elles sont dans cette position intéressante.

Il est même à remarquer qu'une vie active sans fatigue, laborieuse sans excès, rend la grossesse légère, prépare et assure une délivrance facile et des suites de couches exemptes de complications fâcheuses.

Combien de femmes d'artisans pourraient attester la sincérité de cette observation !

Ce n'est point parmi elles qu'on rencontre, comme cela est si commun chez les femmes oisives du grand monde, les vomissements incoercibles, la constipation opiniâtre, les envies bizarres, la fausse couche habituelle.

Aussi leur ferai-je peu de recommandations particulières.

L'influence attribuée à l'imagination maternelle sur le développement du produit de la conception n'est pas tout à fait chimérique. Sans doute, elle ne va pas jusqu'à communiquer à l'enfant des formes ou des apparences précisément correspondantes à celles dont l'esprit de la mère a été frappé.

Par exemple, les envies de vin, de fruits, et autres, les impressions d'effroi causées par des scènes violentes ou douloureuses, par l'aspect inattendu d'un animal repoussant, ne se transmettent pas, pour sûr, de la mère à l'enfant, en imprégnant la peau de celui-ci de leur image matérielle, ou en donnant à telle partie de son corps la forme de l'objet terrifiant.

Ce qui est vrai, c'est qu'une passion vive, une émotion forte éprouvée par la mère, a le pouvoir de troubler, d'arrêter dans sa marche le travail de formation du germe fécondé, et qu'il résulte de cette brusque interruption des difformités à des degrés divers.

Il est donc urgent que les femmes grosses vivent dans une grande circonspection, à l'abri des contrariétés, des désirs violents et des secousses morales.

Elles éviteront l'approche de tout malade aux prises avec une affection contagieuse, — comme la petite vérole, — parce que ce genre de maladies dispose à l'avortement celles qui en sont atteintes, ou bien, sans les atteindre elles-mêmes, peut se communiquer au fruit de leurs entrailles.

C'est un misérable et dangereux préjugé de croire qu'elles doivent manger pour deux : la suspension des *mois* subvient aux frais de la nutrition du fœtus. La bonne règle, pour elles comme pour tous, c'est la faim. Et comment serait-il nécessaire de manger davantage, quand il ne survient pas plus d'appétit ? D'ailleurs, n'est-il pas vrai qu'on saigne quelquefois utilement la femme enceinte?

Une femme a-t-elle des aigreurs durant le cours de sa grossesse? Les commères lui apprennent que l'enfant qu'elle porte a les cheveux trop longs. — Qu'elle laisse dire les commères, et qu'elle arrose ses repas d'un peu d'eau de Saint-Galmier. — Si cela n'empêche pas les cheveux de pousser, ce qui n'importe guère, cela peut remédier, et c'est l'essentiel, au dérangement de la digestion, d'où proviennent les aigreurs.

Les nausées, les vomissements des premiers mois sont atténués, d'ordinaire, et rendus supportables par l'usage de la même boisson.

Si une *perte*, même légère, se déclare, n'importe à quelle époque de la grossesse; que cette perte soit, ou non, accompagnée de douleurs dans les reins ou dans le ventre, comme elle peut conduire à l'avortement, il faut, sans aucun retard, y porter remède. Le repos absolu, le repos au lit, est le premier soin à prendre en ce cas. Très-souvent, par ce moyen et sans autre secours, l'accident cesse, l'ordre se rétablit, la grossesse poursuit sa marche et arrive heureusement à son terme.

VII

L'accouchement est une rude épreuve dans la vie des femmes. Heureuse celle qui y est préparée de longue main par une bonne conformation physique et morale, et qui n'est assistée, dans la perpétration de son œuvre, que de ses meilleurs auxiliaires, le sang-froid et la patience !

Le café ou le vin, qu'à ce moment suprême on administre d'une manière banale, est plus ordinairement nuisible qu'utile.

Entourer le cou d'une cravate pour l'empêcher de grossir, pendant la durée du travail, est une manœuvre absurde et sans effet, quand on n'exerce pas d'ailleurs, ce qui serait bien pis, une constriction dangereuse.

Les forces, épuisées par les douleurs de l'enfantement, ont besoin du plus grand calme pour se rétablir : c'est dans le silence et le repos que la nature prélude à leur prompte restauration.

L'accouchée doit être placée dans une chambre aussi vaste que possible, bien aérée, modérément chaude et exempte d'odeurs bonnes ou mauvaises.

La chambre, le lit, le linge dont elle se sert, doivent être maintenus en grande propreté. — C'est un horrible préjugé de la vêtir et de garnir son lit de linge sale, comme on le fait communément : on ajoute ainsi un supplice gratuit au supplice déjà assez dur de l'enfantement que lui inflige la nature.

En été, on ouvrira chaque jour portes et fenêtres pour renouveler l'air de l'appartement. Et, pendant ce temps, on abritera l'accoûchée en l'enveloppant avec soin et en fermant ses rideaux.

L'aération n'est pas moins indispensable en hiver, mais elle demande de plus minutieuses précautions.

Le repos complet, c'est-à-dire le séjour au lit, est d'une impérieuse nécessité dans les suites de couches. Huit ou dix jours d'immobilité sont toujours indispensables pour ramener à l'état normal les organes du bas-ventre et leur rendre leur ressort. Quelquefois même un temps plus long est nécessaire.

L'infraction à cette règle, trop fréquente chez la mère de famille laborieuse, devient l'origine des relâchements, des engorgements, des ulcérations de matrice qui, sous le nom vulgaire de *dérangement*, tourmentent de mille manières la vie des femmes, quand ils ne les conduisent pas rapidement au tombeau par les horribles souffrances du squirrhe et du cancer.

L'abstinence d'aliments solides, mitigée par l'ingestion d'un bouillon léger de viande, est nécessaire, dans les jours qui précèdent la fièvre de lait, à la femme robuste qui n'allaite pas.

Après la fièvre, la nourriture se composera d'aliments doux et de facile digestion. Et le mari, plus qu'à l'ordinaire, prendra à tâche, durant le temps des couches, de ménager la santé de sa femme en lui épargnant toute émotion vive.

La première sortie doit s'effectuer par un temps sec, en plein air et en plein jour. La plupart des femmes, obéissant à un sentiment religieux bien naturel et fort respectable, se rendent incontinent à l'église : c'est une imprudence. Car, déshabituées du contact de l'air, et encore affaiblies, elles s'exposent à contracter dans ces vastes enceintes, presque toujours humides et froides, le germe de quelque maladie inflammatoire. Mieux vaut renvoyer à une époque plus éloignée la visite des autels : la pieuse coutume des *relevailles* n'y perdrait rien, et la santé ne courrait plus aucun risque.

VIII

L'hygiène du nouveau-né est tout entière dans le soin qu'on doit prendre de le préserver de l'atteinte des vicissitudes atmosphériques et de la malpropreté, et dans l'allaitement.

On ne peut, à ce sujet, que se féliciter de la réforme administrative par suite de laquelle, à Lyon, ces frêles créatures sont dispensées de la présentation à l'état civil. Cette mesure intelligente, longtemps réclamée en vain, a fait disparaître une des causes notoires de la mortalité toujours considérable des petits enfants.

Pour recevoir le nouveau-né, le sécher, le nettoyer, l'habiller, le linge blanc est de première nécessité.

Cette petite opération, qui constitue sa première toilette, prendra le moins de temps possible. — Si tendre couvée éclose aux lieux tempérés que vous savez, ne peut impunément être exposée de prime abord aux impressions de l'air où nous vivons. — Après l'avoir douillettement enveloppé de langes de laine, on couchera l'enfant sur le côté, afin de lui faciliter par cette position le rejet des viscosités glaireuses qui embarrassent la bouche et le gosier.

Je ne saurais trop recommander aux mères de veiller à ce qu'on évite d'emmailloter trop fortement l'enfant qui vient de naître. C'est une coutume barbare d'étreindre et de comprimer par des bandes le corps si délicat de ces tendres créatures, d'allonger de force leurs petites jambes en les serrant l'une contre l'autre, et de leur ôter tout pouvoir de faire aucun mouvement.

Est-ce que vous dormiriez, je vous le demande, ainsi comprimé et emprisonné?

Outre la gêne douloureuse qui résulte de cette habitude vicieuse, et que leurs cris devraient vous faire comprendre, vous courez le risque de déformer profondément leurs os encore si peu consistants.

Chez les peuples sauvages, on n'enveloppe les jeunes enfants d'aucun lange, et l'on n'en voit point de contrefaits (1).

Gardez-vous de comprimer la tête du nouveau-né, de la pétrir entre vos doigts, sous prétexte de lui rendre sa forme momentanément altérée par suite de son passage à travers la filière étroite du bassin. L'allongement qu'elle présente se dissipera de lui-même en quelques heures, grâce à l'élasticité naturelle de ses parties constitutives. Votre intervention inopportune peut amener la mort en blessant le cerveau.

La nourriture que l'enfant va recevoir est la chose

(1) Tourtelle, *Hygiène*.

la plus importante pour son avenir. On ne le comprend pas assez; ses forces, sa santé, sa vie en dépendent.

La mère le nourrit-elle? Il pourra être approché du sein peu d'heures après l'accouchement. Si le lait est déjà formé, cela vaut mieux, pour assurer doucement le relâchement du ventre, que tous les breuvages composites, inventés par un zèle plus empressé que prudent. Si le lait n'existe pas encore, les pressantes titillations de cette succion hâtive seront un doux moyen d'en accélérer la venue. Et, dans tous les cas, cette pratique atténue l'intensité de la fièvre qui accompagne la montée du lait.

C'est faire imprudemment que d'attendre, pour présenter le sein, sa turgescence et le développement de la fièvre. La succion sera plus laborieuse pour le nouveau-né et plus douloureuse pour la mère, chez laquelle elle pourra donner lieu alors aux gerçures et aux abcès.

Si l'on doit confier l'enfant à une nourrice, et qu'il faille l'attendre, on le nourrira d'eau d'orge ou de riz miellée et coupée au plus d'un cinquième de lait de vache.

Je ne puis trop blâmer la funeste habitude de remplacer cette boisson très-convenable et très-suffisante par le lait de vache pur, par d'indigestes bouillies ou de nourrissantes panades, sous prétexte que l'enfant est fort. Ce préjugé déplorable, qui sottement se raille de l'expérience du médecin, fait plus de victimes qu'on ne pense.

IX

L'allaitement maternel est-il le meilleur pour la mère et pour l'enfant ?

Oui, si la mère est vigoureuse et saine, bien nourrie, convenablement logée, et s'il n'existe dans sa famille aucun vice héréditaire.

Non, si la mère est débile ou malade, si sa nourriture est insuffisante, son logement mal éclairé ou humide, ou si quelque vice héréditaire entache sa famille.

On peut même affirmer que la femme, réellement organisée pour être nourrice, ne peut s'en dispenser sans danger pour elle-même. Et, quant à l'enfant, quels soins ne trouve-t-il pas auprès d'une mère, qu'on attendrait vainement d'une nourrice ?

Que ces considérations pèsent peu dans la balance, quand il s'agit de se déterminer sur ce point délicat ! Presque toujours d'autres mobiles sont en jeu, et la jeune mère confie son nouveau-né à des mains mercenaires. Elle se soustrait ainsi à la douce obligation, qui lui serait payée avec usure par les caresses de son enfant, d'achever au moyen de son lait ce que la nature a ébauché avec son sang et à son insu dans ses entrailles.

Le désir de rendre le devoir de la maternité plus facile à la femme de l'ouvrier, obligée de se livrer au travail, souvent hors du logis, a inspiré l'institution des *Crèches*. Ces établissements sont nombreux à Paris et dans d'autres villes, et y rendent d'importants services. Deux seulement ont été créés, à Lyon, dans les paroisses de Saint-Paul et de Saint-Bernard. Là, tous les matins, avant de commencer le travail de la journée, et afin d'y vaquer avec plus de fruit, des mères apportent leurs petits enfants à qui elles viennent de donner le sein. Elles y retournent au moins à l'heure des repas pour les allaiter de nouveau, et, le soir, pour les reprendre et les garder auprès d'elles pendant la nuit. En leur absence, des sœurs dévouées prodiguent à ces intéressants nourrissons tous les soins nécessaires.

Je suis surpris qu'une œuvre destinée à réaliser l'immense avantage de la conciliation des devoirs de la maternité avec les nécessités du travail, ne soit pas plus répandue ; et je fais des vœux pour son extension et sa diffusion dans nos quartiers populeux. Car, l'allaitement par une étrangère supplée bien imparfaitement l'allaitement maternel.

Et, néanmoins, si imparfait que soit le premier, il

est bien préférable à l'allaitement artificiel et l'emporte de beaucoup sur lui par la bénignité de ses résultats.

Nourrir, en effet, au biberon ou à la cuillère, c'est, à moins d'une surveillance inouïe et de tous les instants et d'une intelligence peu commune, exposer l'enfant à mourir dix fois sur douze, ou quatre-vingts fois sur cent ; tandis que, sur cent enfants, l'allaitement naturel en perd trente-cinq à peine.

L'allaitement artificiel constitue donc, hors des cas rares, presque un meurtre, et doit, par ce motif, être complétement rejeté.

Et, toutes les fois qu'une pauvre mère aura de bonnes raisons pour refuser son lait au petit enfant que Dieu lui envoie, elle le confiera de préférence à une nourrice.

C'est une nécessité déjà assez malheureuse, généralement parlant ; car, celle qui nourrit l'enfant d'une autre au lieu du sien est une mauvaise mère ; comment sera-t-elle une bonne nourrice? Elle pourra le devenir, mais lentement ; il faudra que l'habitude change la nature, et l'enfant mal soigné aura le temps de périr cent fois avant que la nourrice ait pris pour lui une tendresse de mère (1).

D'ailleurs, l'intérêt qui la guide en prenant un

(1) Jean-Jacques Rousseau.

nourrisson, ne l'empêchera-t-il pas plus tard de dénoncer une grossesse commençante, ou bien l'altération ou la perte de son lait?

Pénétrez-vous bien de l'importance du choix que vous allez faire.

Prenez une nourrice placée à la campagne plutôt qu'à la ville ; une villageoise habituée au travail des champs, plutôt qu'une ouvrière qui se livre à des travaux sédentaires.

Que son lait soit abondant, sans odeur, d'une saveur douce et sucrée, assez consistant pour que, déposé sur une cuillère inclinée, il s'y maintienne en gouttelettes.

Le volume des seins n'est point un indice de l'abondance du lait.

Ne donnez pas un lait trop vieux à votre enfant, dans la croyance erronée qu'un nouveau nourrisson le renouvelle. Il n'y a qu'une nouvelle couche qui puisse donner un lait nouveau.

Le lait d'une femme accouchée depuis plus de six mois est, généralement, hors de proportion avec les forces digestives du nouveau-né.

L'état de grossesse, la présence des règles sont des motifs suffisants pour refuser une nourrice parfaitement constituée d'ailleurs sous tout autre rapport.

Cependant, si l'enfant tette depuis longtemps quand surviennent les règles, vous ne lui retirerez le sein que s'il montre de la souffrance ou du dépérissement. Car, il est des femmes assez robustes pour nourrir avec succès, même en cet état : ce que je considère toutefois comme une exception.

Une bonne nourrice doit être âgée de vingt-deux à trente-cinq ans. Elle a, dans toute sa personne, un air avenant de jeunesse, de santé, de propreté, de bonne humeur.

Un abord dur, des traits repoussants, des dents gâtées, des gencives saignantes, une mauvaise haleine, de la rougeur aux yeux, des éruptions croûteuses à l'intérieur des narines ou vers les ailes du nez, le goître, des gonflements ou des cicatrices sur les côtés du cou, une déformation des os du tronc ou des membres : voilà bien des conditions que tout le monde peut apprécier aisément et qui décèlent une mauvaise nourrice.

Inquiétez-vous de son habitation, et prenez garde qu'elle ne soit humide, sous peine de voir périr votre enfant du carreau.

Sachez si elle est méchante, colère, passionnée, ou si elle a à souffrir des emportements et des vices de son mari. Dans tous ces cas, refusez-lui votre enfant : une émotion violente peut changer le lait en poison.

Renseignez-vous sur le sort du nourrisson qu'elle vient d'allaiter. Est-il vivant ? Est-il mort ? Est-il fort, vigoureux, replet? A-t-il des chairs fermes? Ou bien est-il maigre, chétif, avec des chairs molles et flasques?

N'oubliez pas de vous enquérir de l'état de la santé de ses propres enfants, voire même, des gens de sa famille. S'il existe, parmi ces derniers, une maladie héréditaire, votre enfant en sucera le germe avec le lait destiné à le nourrir.

Le régime alimentaire de la nourrice n'exige pas des règles particulières ; sinon que les aliments âcres ou trop stimulants, les liqueurs alcooliques, le thé, le café, lui sont sévèrement interdits.

Les enfants prennent généralement le sein de six à huit fois dans les vingt-quatre heures. Il ne faut pas attendre plus de six heures sans le leur présenter.

Allaiter immédiatement après une secousse morale violente ou après un rude travail qui a excité la sueur, est dangereux pour le nourrisson.

En général, ce n'est guère qu'à la fin du troisième mois qu'on peut ajouter au lait de la nourrice, d'abord une fois, puis deux, et ensuite trois fois par jour, de la soupe de pain cuit au beurre frais ou de la bouillie au lait. Par cette addition, la nourrice se précautionne contre l'épuisement, et l'enfant s'habitue insensiblement à supporter une nourriture de plus en plus forte.

L'instinct suffit, dans les premiers temps, pour

régler la fréquence et la durée de son sommeil ; on ne peut que se conformer à ce qu'il exige.

Plus tard, vers trois ou quatre ans, il faut le priver du sommeil de la journée auquel il s'est livré jusque-là : une promenade en plein air le remplace avantageusement.

Est-il permis et convenable de bercer les très-jeunes enfants pour les endormir ? — Oui, — si les mouvements imprimés au berceau ne sont qu'un doux balancement, s'ils n'ont rien de brusque, de saccadé, de violent.

Le berceau, si modeste qu'il soit, est un meuble indispensable, parce que l'enfant ne doit partager le lit de personne, pas même celui de sa mère. Si une *bonne* mère n'est pas plus exposée à l'étouffer, aujourd'hui, qu'au temps du roi Salomon, elle se souviendra que, par suite de la différence des âges, il y a, dans une couche commune à la mère et à l'enfant, échange perpétuel d'émanations impropres au bien-être de celui-ci.

X

L'époque du sevrage est assez naturellement indiquée par l'apparition des premières dents, au nombre de six à huit.

On peut la limiter en moyenne entre douze et quinze mois.

Mais, pour l'enfant délicat et frêle, pour celui dont les dents tardent à paraître, il y a un avantage notoire à la reporter plus loin.

C'est encore en vue de cette époque, qu'il est important de donner de bonne heure aux enfants des aliments proportionnés à leurs forces et à leurs besoins, et dont on augmente graduellement la quantité à mesure qu'on s'approche du terme de l'allaitement.

Préparé ainsi de longue main, le sevrage n'a plus rien de brusque et n'expose point la santé de l'enfant. Des indigestions, de la diarrhée, des vomissements auront lieu, au contraire, si l'on a négligé cette précaution essentielle.

Une pareille négligence devient aussi l'origine et la cause principale des maladies des femmes, connues sous le nom de *dépôt de lait.*

Quand on sèvre un enfant, c'est faire prudemment que d'éviter d'offrir, en sa présence, le sein à d'autres nourrissons.

La femme qui sèvre aura peu de soins à prendre pour tarir la source de son lait, si le sevrage s'opère dans les conditions que je viens de dire. Car, le lait diminue insensiblement, à mesure que l'enfant reçoit plus d'aliments étrangers, en sorte qu'il disparaît, pour ainsi dire, naturellement, au moment où l'allaitement est tout à fait supprimé.

Des boissons aqueuses chaudes qui poussent à la sueur et aux urines, un léger purgatif deux ou trois fois répété, viendront à propos favoriser le nouvel état de choses, et l'empêcheront d'introduire aucun trouble dans l'économie.

XI

Après le sevrage, habituer par degrés les enfants à manger de tout aliment dont l'usage est salubre et commun; combattre dans son germe la répulsion illégitime qu'ils manifestent pour l'un ou pour l'autre, c'est travailler à l'édifice de leur santé et de leur bonheur.

La viande leur est nécessaire dès qu'ils ont assez de dents pour la broyer.

L'eau rougie avec le vin et légèrement sucrée leur fournit une boisson très-appropriée et très-salutaire.

J'insiste à dessein sur ces deux points, parce que trop souvent on s'en écarte, soit qu'on cède à la déplorable habitude de leur faire boire du vin pur; soit qu'on se persuade les avoir bien nourris, quand on leur a donné, comme on dit, une bonne soupe. La soupe est un aliment très-recommandable, mais il ne faut pas qu'elle exclue la viande.

La plupart des produits de la pâtisserie, les sucreries, les friandises, les gâteries de toute sorte ne conviennent point à l'alimentation du jeune âge. Outre que c'est donner un appoint à la gourmandise qui lui est naturelle, c'est courir le risque de provoquer des échauffements et des troubles sérieux de la digestion.

La respiration d'un air pur et vivifié par les chauds rayons du soleil, les soins de propreté sont d'un intérêt pressant et majeur pour l'enfance ; ils lui infusent la force et la santé.

Ne regardez point comme nécessaires à son bien-être l'enduit croûteux qui se forme sur la tête, pas plus que les poux qui sont engendrés par la malpropreté ; et détruisez doucement, patiemment, les uns et les autres.

Les premiers pas réclament quelques conseils spéciaux. Ce n'est qu'après le sevrage qu'on doit y exercer les enfants. Vous abandonnerez l'usage des lisières qui, en refoulant la poitrine, en la faisant rentrer en dedans, gênent la respiration et le développement des poumons ; il vaut infiniment mieux que l'enfant reçoive ses leçons de la nature et de l'expérience. Laissez-le se rouler par terre sur une couverture pliée en double, qui l'empêchera de se blesser et le garantira de la fraîcheur du sol. Cet exercice développe la force de ses membres et lui apprend à s'en servir; il y gagnera de marcher seul beaucoup plus tôt.

A mesure que s'ouvre son intelligence, il faut prendre garde de l'effrayer par d'absurdes contes de revenants, ou par l'imbécile menace d'un danger imaginaire. Ces vaines frayeurs font des impressions profondes à cet âge, et déteignent souvent sur la vie entière qu'elles entachent d'une faiblesse indigne, ou qu'elles troublent par des maux de nerfs de la pire espèce.

Combien de fois ne sont-elles pas devenues l'origine et le point de départ de cette affreuse maladie qu'on appelle l'épilepsie?

Les enfants ont une disposition singulière à tout apprendre; leur cerveau est comme une cire molle sur laquelle s'imprime et se grave sans cesse et sans effort tout ce qui frappe leurs sens. Cette disposition est la source du bonheur ou du malheur de leur existence. Que de réserve, que de prudence ne commande-t-elle pas! Et de combien de manières ne peut-elle pas être altérée ou compromise!

Convaincus que le temps de l'enfance est destiné par la nature à compléter le développement de l'être qui sera homme un jour, vous prodiguerez à cet âge l'air, le soleil, la nourriture, l'exercice, le sommeil dont il a besoin; et vous vous souviendrez qu'on n'assujettit point à un travail continu, même l'enfant de dix ou douze ans, sans s'exposer à ruiner sa santé.

Parvenue à cet âge, la jeune fille apprendra de sa mère à ne point s'effrayer de l'apparition des règles. Elle sera initiée par elle aux précautions simples qu'exigent l'établissement et le maintien de cette nouvelle fonction. Elle évitera pendant leur durée toutes les causes qui pourraient en amener la suppression, et dont les principales sont le froid et les émotions violentes. Elle ne commettra pas l'imprudence de poser les pieds nus sur le sol ou de les baigner dans l'eau froide. Elle observera les soins de propreté dont il est si facile en cet état de sentir l'importance et de comprendre la nature.

Plus hâtive à la ville qu'à la campagne, l'apparition des règles est avancée par l'oisiveté ou par des habitudes sédentaires, et retardée par une vie active et laborieuse. C'est donc une erreur de regarder leur établissement précoce comme un indice de force et de vigueur; il est bien plutôt un signe de faiblesse, et il vaut toujours mieux qu'il se fasse tardivement.

Donc, tout ce qui éveille les sens, tout ce qui est susceptible de leur donner une première impulsion, comme la réunion des deux sexes dans le même atelier, les paroles libres, les romans, les spectacles, les danses, — étant propre à hâter l'apparition des signes de la puberté, — nuit à l'énergie et au développement de l'individu, et porte atteinte consécutivement à la durée de l'espèce humaine.

Ceci doit vous faire comprendre, quand bien même la pudeur ne vous y obligerait pas, qu'il importe de séparer de bonne heure la sœur et le frère, et de ne pas les confondre dans un même lit au delà de la première enfance.

Vous ne condamnerez pas vos filles à une trop grande immobilité; vous leur épargnerez une station assise trop prolongée; vous leur donnerez de fréquentes occasions d'agir et de se mouvoir. Cela pour deux raisons :

La première, c'est que l'exercice, mieux que toutes les drogues, assure le parfait développement des organes et favorise l'établissement des *mois* ;

La seconde, c'est que la position assise concourt à la déformation des os du bassin, d'où dérivent plus tard les difficultés, voire même les impossibilités de l'accouchement.

CHAPITRE VI.

LES MALADIES.

Principiis obsta ; serò medicina paratur,
Quùm mala per longas convaluere moras.

OVIDII NASONIS, *Remedia amoris*, v. 91.

Laissez-leur prendre un pied chez vous,
Ils en auront bientôt pris quatre.

LAFONTAINE, livre II, fable VII.

SOMMAIRE.

I. Il faut combattre les maladies à leur début.
II. Soins hygiéniques généraux dans les maladies, relatifs à l'air, à la chaleur, à la lumière, à l'humidité ;
III. A la propreté et au lit ;
IV. Au chaud et au froid ;
V. A l'alimentation ;
VI. Au sommeil, aux facultés intellectuelles et affectives.
VII. Des précautions à prendre dans les épidémies.
VIII. Préjugés relatifs aux vers.
IX. Préjugés concernant la vaccine.
X. Danger des livres de médecine populaire.
XI. Les charlatans.
XII. Ce qu'ils pensent de leurs dupes.
XIII. Les guérisseuses.
XIV. Les magnétiseurs et les dormeuses.
XV. Une de leurs consultations.

XVI. Les magnétiseurs qui se passent de dormeuses.
XVII. Le médecin aux urines.
XVIII. Le rhabilleur.
XIX. Les entrepreneurs de cures secrètes.
XX. Conclusion.

I

Tout change dans l'homme quand il est malade.

Les impressions qu'il reçoit des qualités de l'air ne sont plus les mêmes. — Le corps se refroidit ou s'échauffe outre mesure, et devient plus sensible, en cet état, au contact d'un air chaud ou froid et aux brusques alternatives de l'un et de l'autre. — Un peu plus ou un peu moins de lumière, une humidité plus ou moins prononcée, tel bruit, telle odeur étaient compatibles avec la vie, et la santé s'en accommodait. — A un moment donné, l'on voit ces diverses circonstances produire sur l'homme malade des retentissements fâcheux, l'affecter douloureusement, compromettre même son existence.

Le goût s'altère, la faim ne fait plus sentir son aiguillon, la soif se déclare, les facultés digestives s'affaiblissent, se perdent ou se dépravent : il semble que les aliments se transforment en poison.

L'aptitude au travail s'amoindrit, elle cesse bientôt tout à fait. Les mouvements sont gênés, douloureux, impossibles; les forces musculaires font défaut : l'homme malade ne peut plus se tenir debout.

Les sens se calment à leur tour ; les désirs voluptueux s'éteignent ; ou si, — rarement, — on les voit survivre comme une sorte de manifestation fébrile, le malaise inaccoutumé qui suit leur satisfaction imprudente en révèle le danger.

Ah! si l'ouvrier comprenait ce langage de la nature ; s'il écoutait les avertissements salutaires contenus dans ces changements importants qu'il peut toujours apprécier, il s'arrêterait à temps devant les cris de souffrance de ses organes. Ses maladies, combattues dans leur principe, le seraient plus efficacement et dureraient moins, parce qu'elles resteraient plus simples. Et l'on n'en verrait pas un si grand nombre atteindre presque fatalement le terme désolant de l'incurabilité.

« Principiis obsta ; serò medicina paratur,
« Quùm mala per longas convaluere moras. »

« Combattez le mal à son début : les secours de la « médecine arrivent trop tard quand, à force de les « avoir différés, le mal a eu le temps de consolider « son empire. »

Vous le pressentez sans doute, le premier moyen à employer pour satisfaire au précepte que je vous recommande, consiste dans le repos de l'organe malade. Et vous resterez convaincus que toutes les parties du corps humain — étant solidaires, — le repos de l'une ne s'obtient généralement que par celui de toutes les autres.

Donc, à la cessation momentanée du travail habituel il faudra joindre l'éloignement simultané et plus ou moins rigoureux, — selon l'importance du mal, — de toute cause capable d'entretenir, dans les organes de la tête, du ventre ou de la poitrine, un surcroît d'activité.

Pénétrés de ces vérités importantes, — vous ne tenterez pas de vous raidir contre ce que vous appelez une indisposition, dans le fol espoir de la vaincre : considérez-la comme un importun dont on ne se débarrasse jamais mieux qu'en sachant à propos céder à ses exigences. — Vous ne l'essaierez pas non plus, sous le prétexte, — moralement honorable, — mais hygiéniquement peu sensé, — que le salaire de la journée est nécessaire à la famille. La nature a ses droits, et en croyant vous y soustraire vous les rendez plus impérieux. Vous refusez de lui accorder un jour ou deux, elle se vengera en vous forçant, bon gré, mal gré, un peu plus tard, à lui sacrifier bien davantage.

II

Si je suis parvenu à vous faire comprendre l'utilité de l'hygiène pour maintenir la santé, vous reconnaîtrez, en y réfléchissant, que tout ce dont elle dispose dans ce but est applicable et nécessaire au rétablissement du malade.

Bien des maladies peuvent se terminer favorablement sans l'emploi de remèdes; aucune ne se peut passer du concours des ressources hygiéniques. — Et, dans celles où ce concours manque, il est d'observation que les médicaments les mieux appropriés sont toujours insuffisants.

Il est donc urgent de passer en revue et d'acquérir les connaissances pratiques qu'on peut déduire de l'hygiène pour le traitement des maladies.

Le malade doit être placé dans une chambre assez grande, distincte autant que possible de l'atelier, pour que l'air ne s'altère pas, et percée de plusieurs ouvertures, afin qu'il puisse être facilement renouvelé.

Il y a péril à l'emprisonner dans une alcôve enfoncée, étroite, peu élevée, à demi fermée par des rideaux, si surtout elle n'a pas une double issue. — Il y a péril plus grand encore à le reléguer sur une soupente, rendez-vous obligé de toutes les émanations mauvaises du logement, retraite presque inaccessible à l'aération. — Et rien n'est plus blâmable et plus dangereux que la coutume barbare de tenir hermétiquement fermé le lieu, quel qu'il soit, habité par un malade.

Refroidissement ou sueurs, boutons à la peau ou érysipèle au visage : tout est prétexte à l'application de cet horrible préjugé. — C'est à votre bon sens d'en faire justice.

Ne faut-il pas de l'air pour vivre? Ne faut-il pas de l'air pour conserver la santé? Et il n'en faudrait pas pour la rétablir! Il serait salubre, vivifiant, réparateur, cet air vicié par la respiration, corrompu par les odeurs désagréables ou fétides de la transpiration et des excrétions naturelles, empoisonné par les miasmes d'une affection souvent contagieuse! Vous ne le pouvez croire, et vous n'hésiterez plus à en favoriser le renouvellement par les moyens que vous connaissez. En ouvrant fréquemment les fenêtres, vous veillerez seulement à ce que le malade s'abrite bien sous ses couvertures.

La nécessité d'écarter de son voisinage les fleurs, les animaux, les matières excrétées ou vomies, tout ce qui est susceptible, en un mot, d'altérer la pureté de l'air, n'a pas besoin de nouvelle démonstration.

Vous maintiendrez dans sa chambre une température douce, c'est-à-dire, que vous en éloignerez également — et une chaleur excessive et un froid extrême — nuisibles tous les deux. Et vous vous souviendrez que le degré convenable pour atteindre à cette moyenne salutaire n'a rien d'absolument fixe ; qu'il est susceptible, au contraire, de s'élever ou de s'abaisser, — non au gré d'une appréciation arbitraire, — mais en prenant pour règle l'état de la chaleur chez le malade, et en vous conformant d'ailleurs à la sensation de bien-être ou de mal-être qu'il en éprouve.

La lumière solaire est un excitant puissant dont il faut toujours assurer le bénéfice aux malades qui languissent sans fièvre et sans force, et aux convalescents.

Dans les affections accompagnées de fièvre intense, dans la plupart des maladies des yeux, dans celles du cerveau principalement, une lumière faible, une demi-obscurité, quelquefois une obscurité complète conviennent beaucoup mieux, et en diminuant l'agitation, en favorisant le calme, concourent puissamment à la guérison.

Une chambre humide n'est, dans aucun cas, appropriée à un malade. Si, en santé, pendant un certain temps, et tant que vous avez réagi par l'alimentation, par le travail et par l'exercice, vous avez pu l'habiter impunément, — ce qui est rare, — soyez sûrs que l'immunité cessera avec sa cause, et que, voué au repos, forcé à une diète ténue, le malade subira fatalement les pernicieux effets de l'humidité.

De là, des complications graves qui ajoutent à l'importance de la maladie, lui impriment un caractère particulier de lenteur désespérante, et ajournent pour longtemps tout progrès vers la guérison.

Malade, vous ne vous mettrez à l'abri de ce danger qu'en choisissant un lieu plus convenable.

III

Il est de la plus haute importance de tenir les malades dans la plus grande propreté, et, par conséquent, de changer fréquemment leur linge.

Ce principe est un de ceux qui sont le plus méconnus. Et je me sens d'autant plus disposé à vous en parler, pour le remettre en honneur et vous convier à sa pratique, qu'on ne le transgresse pas toujours sans quelque apparence de raison.

On craint de faire rentrer une éruption, de supprimer une sueur abondante ou un écoulement naturel : — et on laisse le malade croupir dans la saleté.

Ces appréhensions seraient louables, si elles avaient seulement pour effet d'empêcher toute imprudente exposition à l'air; mais la conduite qu'elles inspirent outre-passe le but et tend à amener des résultats funestes.

C'est précisément dans de telles conjonctures que le besoin de changer de linge se fait sentir davantage. Le sang, la sueur, le pus, — dans la petite vérole, par exemple, — le salissent, se corrompent sous l'influence combinée de l'air et de la chaleur, et joignent leur fétidité aux exhalaisons ordinaires du corps.

Pourvu qu'on ne le répète pas au delà du besoin, pourvu qu'il ne fatigue pas trop le malade par les mouvements qu'il nécessite, le changement de linge n'offre aucun inconvénient. — Avec les précautions convenables, on peut même changer la chemise pendant la sueur.

Ces précautions consistent à envelopper successivement de serviettes très-chaudes les jambes, les cuisses, le ventre, la poitrine et le cou; de telle sorte, qu'au moment où l'on enlève la chemise mouillée pour en passer une autre, le malade soit complétement entouré de linge sec et chaud.

Et quand l'émission de l'urine et la défécation seront involontaires, vous n'oublierez pas que la peau est munie dans toute son étendue de petites bouches toujours béantes, toujours prêtes à absorber, c'est-à-dire à pomper, pour les introduire dans le corps, les matériaux environnants. — Vous saurez aussi que le contact prolongé de telles excrétions rougit la peau, l'enflamme, y engendre des boutons, des ulcères ou la gangrène, — et que ce dernier accident, constamment dangereux, devient quelquefois mortel.

Des lotions vineuses tièdes, faites avec soin et à propos, concourront, dans ces cas rares, avec les autres soins de propreté, à prévenir les inconvénients ou les dangers du contact et de l'absorption.

La composition du lit n'est pas sans influence sur le bien-être des malades et contribue, dans une certaine mesure, à leur soulagement.

Le sommier élastique jouit, à ce titre, d'un double avantage qui le rend bien recommandable : en maintenant à son intérieur la libre circulation de l'air, il en facilite le renouvellement ; et la pression prolongée du corps ne le déforme point.

Les matelas de laine sont les plus usités ; néanmoins le crin serait préférable, si la chaleur était très-élevée, ou si l'on avait intérêt à empêcher le sang de se porter vers les organes du bas-ventre.

Les matelas de plume sont de tous les plus mauvais : ils entretiennent une chaleur exagérée et ils affaiblissent par les sueurs qu'ils provoquent.

Par le même motif, dans les maladies de la tête, dans celles de la poitrine, où il convient de donner au lit une inclinaison telle que l'extrémité supérieure du corps soit beaucoup plus élevée que l'inférieure, on mettra en usage, à cette fin, non l'oreiller de plume, mais celui de crin ou de balles d'avoine.

Je ne puis fixer ni le nombre, ni le poids des couvertures; j'aime mieux vous dire qu'en vous référant aux sensations nettement accusées du malade, vous le couvrirez toujours d'une façon convenable.

Son bien-être, le besoin d'aération, les soins de propreté exigent que le lit soit fait tous les jours. Ce précepte ne souffre guère d'exception; car, rien n'empêche ordinairement, — selon le degré de force du malade, — ou de le placer sur un autre lit, ou de l'asseoir sur un fauteuil.

Considéré à un point de vue différent, ce déplacement quotidien réalise d'autres avantages qu'il est bon de vous faire connaître. De grands médecins l'ont recommandé comme favorable à la guérison. En outre, il est très-propre à prévenir et à combattre — plusieurs complications graves — qui, quand on le néglige, tendent à se produire dans le cours des maladies :

A la peau, c'est la gangrène de certains points de sa surface sur lesquels porte plus spécialement le poids du corps;

Du côté des organes profonds de la tête, du ventre, de la poitrine, ce sont des engorgements d'une nature particulières dû au ralentissement de la circulation des humeurs par suite du coucher horizontal trop prolongé.

Je ne crois pas inutile de prévenir que le malade doit coucher seul. J'ai vu trop souvent l'exiguïté du logement, l'insouciance ou toute autre cause, faire prévaloir l'habitude contraire, et celui qui se porte bien venir, — la nuit, — partager le lit du malade.

Le danger est flagrant, et l'on ne s'y expose pas d'ordinaire, il est vrai, dans les affections notoirement contagieuses. Mais, dans celles qui ne sont pas réputées jouir de ce fâcheux privilége, on oublie volontiers que la séparation est un bienfait pour le malade, et que les émanations d'un corps en proie à la fièvre peuvent être nuisibles à la santé la plus robuste.

En aucun cas, ne surchargez la tête de coiffures chaudes et épaisses ; le bonnet de laine n'est pas tolérable.

Le coton dont on a coutume d'envelopper la tête dans l'érysipèle, la fluxion aux joues ou les maux d'oreilles ne guérit point ces affections ; et, en favorisant plus qu'il ne convient l'afflux du sang en haut, il peut occasionner des accidents plus sérieux que la maladie contre laquelle, — à tort, — on le croit utile.

Entretenez, de préférence, la chaleur aux pieds qui se refroidissent si facilement. Excepté dans le cas de perte, chez les femmes, ou quand cet accident est imminent, l'application sur ces parties de linges très-chauds, l'emploi de bouteilles de terre ou de métal remplies d'eau chaude, — sont souvent nécessaires et jamais nuisibles.

IV

C'est ici le lieu de parler d'un préjugé qui a cours dans les familles et où, comme dans une mine féconde, l'ouvrier puise à pleines mains l'aggravation de ses maladies. Il est relatif au *chaud et froid*. Que de complications fatales ne fait-on pas surgir tous les jours par une fausse appréciation de cet état, par une interprétation abusive des soins qu'il réclame!

Qu'après une course rapide ou un exercice violent qui a surexcité la chaleur et fait ruisseler la sueur, un homme se refroidisse tout à coup : il éprouve des bâillements, du malaise, de la fatigue; il se sent brisé, abattu, sans force; il a des frissons dans tous les membres. S'il s'expose à l'air, s'il se couche, si seulement il essaie de changer de position dans son lit, le frisson redouble, le tremblement le gagne et le claquement des dents devient irrésistible. — Il a un chaud et froid.

Que fait-on pour le guérir?

Les plus hardis se font administrer un bain de vapeur.

D'autres se plongent dans une sorte d'étuve chauffée à l'esprit-de-vin.

Ou bien, on roule le patient dans une couverture de laine, — souvent même en l'obligeant à y fourrer la tête; — on le recouvre de tout ce qu'on a sous la main, on le surcharge d'un poids énorme, — quand on ne va pas jusqu'à le mettre entre deux matelas, — et on le gorge de vin chaud.

A tout prix, les uns et les autres veulent rappeler la sueur, sans se douter le moins du monde que de pareils moyens, employés dans ce but, sont constamment, — ou inutiles, — ou dangereux, — ou nuisibles.

C'est l'expérience qui les déclare inutiles en montrant les excellents résultats qu'on obtient, — à moins de frais, — d'une pratique plus douce.

On se couche dans un lit chauffé d'avance, suffisamment mais modérément couvert, des bouteilles d'eau chaude aux pieds. On prend, à des intervalles très-rapprochés, en petite quantité chaque fois, quelque infusion très-chaude de thé, ou de tilleul, ou de bourrache. On garde en même temps l'immobilité la plus complète possible et l'on se prive, bien entendu, de toute espèce d'aliments.

Par cette méthode, la réapparition de la chaleur se fait graduellement et en peu d'heures: le retour de la transpiration a lieu sans trouble pour l'économie, et l'on ne court, dans tous les cas, aucun risque mauvais.

Il n'en est plus de même avec l'étuve ou le bain de vapeur, avec la couverture de laine et le vin chaud; et ces moyens, — en violentant la nature, — peuvent devenir fort dangereux. Ils tendent, en effet, à substituer brusquement dans l'économie un état à un autre qui lui est entièrement opposé, — une grande chaleur, à un refroidissement sensible; — et ils sollicitent cette révolution vitale dans un moment où, l'équilibre des forces étant rompu, la vie, toute troublée, a perdu la puissance d'action qui lui serait nécessaire pour régulariser les efforts qu'on lui demande et réagir avec fruit.

Aussi n'est-il pas rare de voir la sueur refuser de répondre à cet appel violent; et, des congestions, des inflammations, des hémorrhagies cérébrales, pulmonaires ou autres, naître de ces tentatives irréfléchies.

Enfin, elles sont positivement et sûrement nuisibles, si, comme il arrive souvent, — à votre insu, — le chaud et froid, — déjà éloigné de sa simplicité originelle, — a donné naissance à une fluxion de poitrine ou à toute autre inflammation: car, alors, en favorisant le refoulement et l'engorgement du sang à l'intérieur, elles centuplent le mal.

V

L'alimentation est la pierre d'achoppement des malades. Il est rare qu'ils ne commettent pas en cette matière des fautes monstrueuses. L'erreur la plus commune est de croire qu'ils doivent manger pour soutenir leurs forces. Elle fait bien des victimes; il ne se passe pas de jour que le médecin ne soit appelé à le constater.

On s'alite, on souffre, on a la fièvre, on n'a nul goût pour les aliments, n'importe; on s'imagine qu'il faut manger parce qu'on se sent faiblir.

Souvent l'estomac, plus intelligent que la tête, rejette les aliments intempestifs qu'on lui donne. On se raidit contre cet avertissement, on n'a garde de l'interpréter dans son sens véritable, on passe outre, et l'on mange de plus belle.

Ce nouvel écart, suivi de nouveaux accidents et d'un redoublement de fièvre, ne rend pas plus sage. Car, à mesure que la fièvre empire, on se sent faiblir davantage; et comme on s'est habitué à voir dans les aliments un moyen de remédier à la faiblesse, on se persuade aisément qu'on doit manger encore.

Et l'on mange toujours; et l'emploi inopportun des aliments continue à nourrir la maladie, non le malade, et, avec la maladie, la faiblesse.

Et le malade, victime de ce raisonnement déplorable, mange jusqu'à ce qu'il ait atteint ce degré d'anéantissement des forces qui ne permet plus de rien supporter, même sous forme liquide, — ou jusqu'à ce qu'il meure d'indigestion.

Ceci n'est point un tableau chargé à plaisir; c'est la peinture malheureusement exacte et fidèle d'un préjugé qui fait le désespoir du médecin et cause la ruine de bien des malades. Les exemples s'offrent en foule à mon souvenir : voici un de ceux qui m'ont le plus frappé.

Le 8 juin 1852, le nommé V...., ouvrier teinturier, habitant les Brotteaux, fut pris d'une fièvre ardente causée par une irritation d'entrailles qu'avait produite l'usage immodéré des liqueurs alcooliques. Un léger délire, se manifestant par intervalles, annonçait que la tête était menacée.

La diète était donc de rigueur; elle devait être sévèrement prescrite et minutieusement maintenue. Les recommandations les plus pressantes furent faites au malade et à sa famille, et renouvelées avec un soin jaloux pour qu'on s'y conformât scrupuleusement. On en tint compte juste pendant deux jours et demi; et, déjà, une amélioration remarquable s'était dessinée dans tous les symptômes, lorsque, le soir du troisième jour, le malade ayant sollicité son entourage et lui ayant dit qu'il ne voulait pas mourir de faim, on profita de mon absence pour lui préparer un repas substantiel.

Après ce repas, le malade s'endormit. Mais, le lendemain, au moment où l'on se félicitait de la bonne nuit que les aliments lui avaient procurée, on le trouvait mort dans son lit.

Un travail digestif, disproportionné à l'état des forces, avait suffi pour produire subitement cette irremédiable catastrophe.

Cette pratique désordonnée, incroyable, est portée à un tel point que, communément, on croit faire pièce au médecin qui prescrit une diète sévère en mangeant à son insu, et qu'on trouve de sottes gens pour vous prêcher et vous presser d'enfreindre sa défense.

Rapprochement honteux pour la raison,

> « Cette fière raison dont on fait tant de bruit (1),

les animaux, quand ils sont malades, refusent la nourriture qu'on leur présente.

Quelle leçon !

Comment le peuple, qui est observateur, n'a-t-il pas vu ce qui a journellement lieu? Comment n'a-t-il

(1) Mme Deshoulières.

pas remarqué que la faiblesse — tant redoutée de l'ouvrier — est le produit non équivoque de la maladie, — et se dissipe à mesure que la maladie tend à disparaître?

Un homme a la fièvre; il est atteint d'une inflammation de poitrine. Du jour au lendemain il ne peut ni faire un pas, ni se tenir debout, ni se remuer dans son lit. — Cependant il se soumet à une diète rigoureuse. — Plusieurs jours, quelquefois plusieurs semaines s'écoulent, la fièvre tombe : et voilà ce malade, naguère si faible, qui, — avant d'avoir pris aucun aliment, — se soulève de lui-même, s'assied sans aide sur sa couche et marchera demain jusqu'à son fauteuil!

Voulez-vous avoir l'explication de ce phénomène?

Rappelez-vous qu'on ne vit pas de ce qu'on mange, mais de ce qu'on digère. Or, l'estomac digère mal ou pas du tout quand le corps souffre : l'abstinence fait bien mieux son affaire.

Rappelez-vous que la faim est le plus sûr indice du besoin de prendre des aliments et le meilleur gage d'une bonne digestion. Or, l'appétit manque au malade et n'obéit point à ce calcul erroné de l'esprit qui pousse à manger — quand même — pour conserver les forces. Le raisonnement fait fausse route toutes les fois qu'il s'arroge les fonctions de conseiller de l'estomac.

Beaucoup de maladies commençantes s'éteignent d'elles-mêmes, et sans autre remède, par l'effet d'une abstinence opportune.

En évitant de nourrir trop les malades, vous ne tomberez pas dans l'excès contraire, qui est de ne pas les nourrir assez. Il y a longtemps qu'on l'a remarqué, c'est plutôt l'erreur des riches.

Et pour que vous sachiez tenir un juste milieu entre ces deux inconvénients également fâcheux, je vais résumer, autant que cela peut se faire en quelques lignes, et dans une matière aussi variable, la conduite que vous devez suivre.

Au début des maladies accompagnées de fièvre, proscription absolue de toute espèce d'aliments.

Pendant toute la durée de la fièvre, sévère interdiction de tout aliment solide.

Mais, passé les premiers jours, quand la fièvre se modère, quand surtout l'estomac du malade, — non la tête, — en exprime le besoin par une sorte d'appétence instinctive, il devient utile, nécessaire même, d'user de boissons légèrement nourrissantes, comme les crèmes de riz, d'orge, d'avoine, les bouillons de veau, de poulet, de grenouilles.

Et, l'amélioration faisant des progrès sensibles, c'est toujours par degrés qu'il faut revenir à l'emploi des aliments. Les bouillons de viande blanche feront place à ceux de mouton ou de bœuf, — peu substantiels d'abord, puis plus riches en principes nutritifs. — Les potages, les fruits cuits, les légumes herbacés, précéderont les viandes. Parmi ces dernières, celles qui nourrissent moins auront le pas sur celles qui possèdent le don suprême de réfection dans toute sa plénitude.

Quant au vin, l'abus qu'on en fait dans les maladies m'oblige à vous le répéter, il n'est pris avec fruit qu'au moment où l'on ingère des aliments; et, au moins en commençant, il doit être mêlé d'eau.

VI

Le sommeil exerce une influence si avantageuse sur le cours des maladies, qu'on se gardera bien de l'interrompre sans nécessité, même pour faire prendre des remèdes, — à moins qu'il n'y ait urgence d'administrer un médicament.

On le favorisera, au contraire, en éloignant le bruit, la lumière, et tout ce qui pourrait préoccuper fortement l'esprit ou le cœur du malade.

On sait d'ailleurs que le bruit particulier à la profession, ou celui auquel l'oreille est habituée dès l'enfance est loin d'être un obstacle au sommeil: excepté cependant quand il s'agit de certaines affections du cerveau ou des nerfs, à forme très-grave.

Mais les visites fréquentes des parents, des amis, des voisins, le bruit des conversations de toute espèce sont presque toujours nuisibles. A voix basse, ces dernières donnent de l'inquiétude au malade; à haute voix, elles le fatiguent.

Il est à peine nécessaire d'ajouter que les malades ne doivent se livrer à aucun travail d'esprit; ils n'en ont, pour l'ordinaire, ni le désir ni le pouvoir.

J'appelle toute votre attention sur le soin que vous devez prendre de ne rien dire, de ne rien faire qui puisse porter le malade à la tristesse, l'affecter d'une manière pénible. Il doit ignorer le danger qui le menace, et ceux qui l'entourent effaceront en sa présence toute trace d'inquiétude et de larmes.

C'est une maladresse insigne de lui apprendre ou de lui rappeler la mort de personnes atteintes de la même maladie que lui. Le malade n'est que trop enclin à s'exagérer les périls qu'il court; et, par ces confidences indiscrètes, — très-propres à ébranler sa confiance et son espoir, — on diminue les chances de guérison.

VII

Les maladies qui, sous le nom d'épidémies, frappent à la fois un grand nombre d'individus dans une même localité, dans une même ville, — en semant l'épouvante et la mort au sein des populations, — suscitent le désir de se soustraire au danger, et, presque toujours, pour le conjurer, suggèrent une conduite diamétralement opposée au but à atteindre.

Elles seraient moins meurtrières, elles exerceraient moins de ravages si, au lieu de compter sur de prétendus préservatifs, — en poudre, en sirop, en pilules, — appâts tendus à la crédulité par le mercantilisme, — on reconnaissait simplement la souveraine et salutaire influence de l'hygiène, et si l'on se bornait à l'observation intelligente de ses préceptes.

Ces maladies n'exigent pas, en effet, d'autres précautions, de la part de ceux qui veulent s'en garantir, que l'entretien strict et assidu de l'aération et de la propreté ; le choix d'une nourriture saine et fortifiante; le soin d'éviter les refroidissements et les excès de tout genre ; une situation morale gaie, ou au moins rassurée et tranquille ; enfin, le maintien de ses habitudes, quand on n'en a que de bonnes.

Et encore, le besoin de régularité dans tous les actes de la vie est si pressant en temps d'épidémie, qu'on ne peut, sans péril, supprimer brusquement — même les habitudes mauvaises, — lorsqu'elles sont invétérées.

Voilà les véritables préservatifs des épidémies.

Dans la dernière invasion du choléra, en France,

on a usé et abusé du rhum, du café, du vin chaud; comme si ces stimulants énergiques, pris sans frein et sans règle, avaient la moindre vertu préservatrice! comme s'ils n'étaient pas propres, au contraire, à déposer dans les entrailles le germe d'une irritation provocatrice de la diarrhée! Et l'on sait aujourd'hui que la diarrhée est le fidèle avant-coureur du choléra.

De faibles enfants, des femmes délicates, des hommes adonnés à des travaux sédentaires ne peuvent échanger les boissons douces auxquelles ils sont accoutumés, contre des liqueurs fortement excitantes, — sans s'exposer aux plus dangereuses perturbations. Qu'ils se tiennent pour avertis, et que le retour du fléau, — s'il entrait dans les desseins de la Providence, — les trouve résolus à ne pas commettre une faute semblable.

Que le choléra soit contagieux ou qu'il ne le soit pas, il est d'une haute importance d'éviter les émanations qui s'élèvent directement du malade au moment où on le découvre, et surtout celles qui naissent des matières excrétées ou vomies. Vous vous appliquerez à éloigner ces dernières le plus promptement possible, et vous neutraliserez leurs effets nuisibles par un bon désinfectant, — le sulfate de fer, — que l'expérience a fait connaître, et que vous utiliserez en le jetant dans le vase de nuit du malade.

VIII

Il est une croyance néfaste, profondément attentatoire à la santé des petits enfants.

Enracinée de temps immémorial dans la cervelle des femmes, elle se transmet invariablement de la mère à la fille comme une part du patrimoine commun ;

> Et je sais même sur ce fait,
> Bon nombre d'hommes qui sont femmes (1).

Cette croyance attribue à la présence des vers la plupart des maladies auxquelles est sujette la première enfance.

Qu'un enfant soit atteint de courbature et de fièvre : *c'est une venue de vers.*

Qu'il éprouve des accidents d'indigestion ou des accès de toux : ce sont les vers *qui remontent.*

Qu'après l'ébranlement causé par une chute, il présente du malaise, des vomissements : *la masse des vers est dérangée.*

Que, sous l'influence de la dentition, un flux de ventre se déclare, on fait le procès aux *vers.*

Qu'il couve la rougeole, la petite vérole, la fièvre

(1) La Fontaine. Liv. VIII, fab. VI.

rouge; qu'il soit au début d'une fièvre muqueuse ou de toute autre maladie, c'est encore des *vers*, c'est toujours des *vers* que vient tout le mal.

Faisons une bonne fois justice de ces expressions surannées, ridicules, qui ne représentent rien de vrai; et voyons sur quoi repose cette perpétuelle accusation contre de malencontreux parasites, beaucoup plus rares qu'on ne le suppose, et très-souvent étrangers aux méfaits dont on les rend responsables.

Le croirait-on? c'est tantôt une simple démangeaison du nez que l'ignorance transforme en preuve irrécusable de la maladie vermineuse; tantôt l'odeur de l'haleine de l'enfant qu'une matrone émérite affirme imperturbablement *sentir les vers*.

Inutilement le médecin proteste et déclare ces signes erronés ou insuffisants. On murmure tout bas de son incrédulité; on fait bon marché de sa science et de la vie du petit malade; et l'on se hâte d'administrer, en dépit de prescriptions opposées, tous les vermifuges en renom.

D'ordinaire, il est vrai, le résultat trompe l'attente de la pauvre mère, et pas un seul ver n'est expulsé. Mais voyez jusqu'où peuvent aller l'aveuglement du préjugé et la confiance obstinée en son propre jugement. On est tellement persuadé de la présence des vers chez l'enfant, que si, malgré l'ingestion du vermifuge, il n'en rend pas, on dit et l'on croit de la meilleure foi du monde qu'il fait des *vers fondus.*

Des vers fondus ! c'est-à-dire des vers qui ne sont pas des vers, et dont l'œil le plus exercé, l'examen le plus attentif ne pourraient en aucune façon reconnaître la forme ni la nature. L'expression est bien trouvée, l'invention fort commode, pour donner le change aux esprits crédules et maintenir, dans tous les cas, la bonne réputation du remède.

Est-il possible que de semblables erreurs se propagent et résistent aux avertissements du bon sens le plus vulgaire? Est-il possible que vous vous payiez toujours de mots creux et sans valeur, et qu'indéfiniment vous consentiez à faire la fortune de quelques exploiteurs, au risque de ruiner la santé de vos enfants? Et tiendrez-vous à justifier éternellement cette parole du moraliste :

> L'homme est de glace aux vérités,
> Il est de feu pour les mensonges. (1)

Votre raison me répond du contraire.

Il est faux que les intestins de l'enfant recèlent, — à l'état normal, — disséminée ou en masse, — une armée de vers, manifestant, — quand il lui plait, — son humeur belliqueuse, par des désordres de tout genre. On remarque seulement dans le jeune âge une disposition — plus prononcée que dans l'âge

(1) La Fontaine. — Livre IX, fable VI.

adulte — à la formation et à la reproduction de ces fâcheux parasites. Mais cette période de la vie est franchie souvent sans aucune maladie vermineuse ; et il n'est pas rare de rencontrer des enfants — qui rejettent des vers — et dont la santé ne présente d'ailleurs aucun dérangement sensible.

Certes, il n'en est pas toujours ainsi ; et, quand ces hôtes suspects ont élu domicile dans les voies digestives, ils peuvent déterminer des accidents, voire même des convulsions.

La certitude de leur présence insolite ne s'acquiert que par le rejet spontané d'un ou de plusieurs d'entre eux. Si cet indice manque, la constatation des signes suivants rend leur existence probable.

Le visage du petit malade est bouffi et pâle ; ses yeux prennent un aspect terne et leur prunelle paraît plus grande ; un cercle bleuâtre se dessine au bas de la paupière inférieure ; assez souvent, — mais non pas constamment, — le nez devient le siége d'une démangeaison incommode. La bouche se remplit de salive, l'haleine sent l'*aigre*, l'appétit diminue ou est exagéré. Il existe des vomissements de glaires ou seulement des envies de vomir. Le ventre est gonflé ; des coliques, plus ou moins vives, se font sentir, suivies parfois de selles glaireuses et teintes de sang. L'urine, trouble et blanchâtre, ressemble à du lait étendu d'eau. Le sommeil est agité, accompagné de grincement de dents, interrompu par des réveils en sursaut. Enfin, le petit malade s'amaigrit.

Chacun de ces signes — pris isolément — ne prouve rien ; et il ne faut pas s'attendre cependant à les rencontrer jamais tous ensemble chez le même sujet. Mais leur réunion — en nombre suffisant — doit faire cesser toute hésitation. Et c'est dans de telles conjonctures qu'un vermifuge convenable, sagement administré, fait merveille.

Mais, sachez-le bien, tous les remèdes qui répondent à cette destination — quasi héroïque — sont irritants à des degrés divers. Ceux qui se dissimulent sous la doucereuse et bénigne apparence d'un sirop ou d'un biscuit — ne sont pas plus innocents — que ceux qui entrent en lice sans se parer de ces dehors séducteurs.

Il faut une nécessité évidente pour légitimer et justifier l'emploi des uns et des autres. Et vous abandonnerez, — comme une erreur dangereuse, — l'habitude où l'on est de les répéter — pendant plusieurs jours, sur la foi des prospectus, — ou au renouvellement de la lune, à l'instigation des commères.

Surtout, n'espérez pas en user impunément dans les nombreuses indispositions ou dans les maladies graves que faussement vous attribuez aux vers.

Par ces détails, j'ai eu en vue—non de vous apprendre à guerroyer contre ces insectes redoutés,— mais bien plutôt de vous en faire perdre l'envie, — en vous montrant les graves difficultés d'une pareille tâche.

Bonnes mères, j'aurai plus fait pour la santé de vos enfants, si j'ai pu réussir à vous détourner de vos projets vermicides, que si je vous mettais entre les mains de nouvelles armes offensives. Laissez au médecin la responsabilité d'une lutte où il est toujours plus facile de frapper fort que de frapper juste.

Moins compromettant, quoique digne d'éveiller toute votre sollicitude, le rôle qui vous est destiné consiste à prévenir l'invasion de l'ennemi par les moyens que je vais vous dire :

Donnez, donnez à vos enfants le plus de bains d'air et de soleil que vous pourrez ; tenez-les à l'abri de l'humidité ; soyez prodigues, à leur égard, de soins de propreté ; nourrissez-les de bonne viande, au lieu de farineux ; arrosez leurs repas d'un peu de vin mêlé d'eau ; renoncez au lait pour leur alimentation journalière ; ne leur laissez manger ni pâtisserie indigeste, ni mauvais fruits ; et ils croîtront en force et en vigueur, et les affections vermineuses deviendront aussi rares que vous les croyez fréquentes.

IX

La petite vérole est une maladie si cruelle, et la vaccine a si bien fait ses preuves, que pas une mère aujourd'hui, ne se refuse, *en principe*, à gratifier sa famille du bénéfice de l'inoculation préservative. *Dans la pratique*, cependant, des idées fausses règnent encore qui frappent de stérilité ces bonnes dispositions; et, annuellement, un certain nombre d'enfants courent les terribles risques de la petite vérole qu'un zèle plus éclairé leur eût épargnés.

Rarement on se décide à les faire vacciner avant l'âge de douze ou quinze mois. On trouve l'été trop chaud, l'hiver trop froid, pour les soumettre à cette petite épreuve. Et l'on ne remarque point que la petite vérole éclate, malgré les rigueurs de janvier, malgré les chaleurs de juillet, et qu'elle ne respecte pas même l'enfant qui vient de naître.

Le jeune enfant est-il faible, délicat, maladif? A-t-il des boutons, des croûtes au visage ou ailleurs? Est-il indisposé par la sortie de ses premières dents? Avant de recourir à la vaccine, on veut qu'il se fortifie, qu'il soit délivré de ses humeurs, que le travail de dentition soit accompli, et l'on attend qu'il ait atteint l'âge de trois ou quatre ans, quelquefois davantage. Que résulte-t-il de ces lenteurs? de nouvelles victimes du fléau.

Les meilleurs juges en cette matière conseillent de vacciner du troisième au quatrième mois qui suit la naissance.

Attendre plus tard, c'est se heurter aux accidents

de la dentition et les compliquer inutilement. Attendre plus tard, c'est faire preuve d'une impardonnable incurie et livrer au hasard la vie et la santé d'un être à qui la nature nous fait un devoir d'assurer le maintien de l'une et de l'autre. La faiblesse, les jetées d'humeur à la peau n'autorisent point à retarder l'opération ; fréquemment, au contraire, elles se dissipent sous son influence.

Je ne manquerai pas d'avertir que cette opération innocente est non-seulement praticable, mais indispensable et obligatoire à tout âge ; car j'ai souvent vu des ouvriers des deux sexes, —savoisiens pour la plupart, — privés du bienfait de la vaccine, dans leur enfance, au sein du pays natal, — ne pas songer à y recourir dans l'âge de l'adolescence, ou, y songeant, ne pas l'oser.

Mue par un sentiment d'humanité, l'autorité a voulu concourir à l'extinction de la petite vérole, et, pour ôter tout prétexte à la négligence, elle a mis à la portée du plus pauvre le brevet d'exemption attaché à la vaccine, en instituant, dans chaque arrondissement de Lyon, des médecins vaccinateurs dont les fonctions sont gratuites, et dont le nom et la demeure sont officiellement publiés tous les ans. De plus, deux fois par semaine, à l'hospice de la Charité, on vaccine gratuitement tous ceux qui se présentent.

Telle est l'importance du but poursuivi par les vaccinations, que les médecins les plus distingués acceptent comme un honneur envié la mission de diriger, sous le nom de *Comité de vaccine,* dans tout le département, la pratique générale de cette opération salutaire.

On voit, dit-on, la petite vérole atteindre des sujets qui ont été vaccinés.

Que cette mauvaise objection ne vous fasse pas dédaigner la vaccine ; ne vous hâtez point de la croire fondée, et, — la tenant pour vraie, — d'en conclure que le préservatif est sans vertu. Peu nombreux, les faits qu'elle invoque apparaissent à l'état d'exception ; et les malades, chez qui on les observe, ont une petite vérole toute particulière, modifiée dans sa marche et dans sa durée, atténuée dans sa force et dans ses effets, et ne s'accompagnant d'aucun danger : la vaccination ne leur a donc pas été inutile.

Et, en effet, le pouvoir préservateur du vaccin, victorieux des attaques dirigées contre lui, demeure inébranlable.

L'on s'est demandé, il est vrai, s'il durait toute la vie, ou s'il n'allait pas s'affaiblissant avec les années, et s'il n'y avait pas lieu, par conséquent, après un laps de temps déterminé, de procéder à une revaccination ?

Agitée depuis vingt ans et encore indécise, cette question n'est pas de nature à troubler la confiance que doit vous inspirer la vaccine. Et, dans le cas où il serait prouvé, plus tard, qu'une revaccination est nécessaire, je ne vois pas quel motif on alléguerait pour s'y soustraire.

J'ai besoin d'expliquer aux bonnes mères qu'il ne suffit pas, pour le croire vacciné, d'avoir soumis leur enfant aux piqûres de la lancette ; qu'il faut, le huitième jour de l'opération, s'être assuré de sa réussite auprès du médecin, sous peine de mécompte.

En général, on ne se soucie pas assez de remplir cette obligation ; et l'on s'en dispense principalement parce qu'on répugne à fournir du vaccin, prétextant que cela épuise les petits enfants.

Répugnance égoïste, prétexte chimérique, vous créez un préjugé désastreux pour la santé publique, puisqu'il ne tend à rien moins qu'à rendre toute vaccination impossible !

Recueillir le vaccin ne compromet ni la santé ni le succès de la vaccine.

Restituer ce qu'on a reçu à titre de dépôt, c'est acquitter une dette d'honneur.

D'ailleurs, l'œil du médecin est nécessaire pour discerner la fausse vaccine — dont le développement ne préserve point — et qui peut, — en se jouant de l'inexpérience des mères, — les laisser dans une sécurité trompeuse et punir un jour leur désobéissance égoïste d'un irremédiable deuil.

Je ne sais s'il vous est revenu que des hommes ont pris à tâche, dans ces derniers temps, de décrier l'immortelle découverte de Jenner, — l'auteur de la vaccine, — en lui attribuant la plupart des maladies modernes qui affligent l'espèce humaine. Quel but est le leur? Veulent-ils nous ramener au temps où, comme un autre choléra-morbus, la petite vérole envahissait nos villes et nos campagnes et décimait les populations? Hélas! il est des gens que l'amour du paradoxe entraîne et que l'esprit de système rend aveugles.

Comme devant ce philosophe de l'antiquité qui niait le mouvement, un sage de ce temps-là, pour toute réponse, se contentait de marcher; de même, en face de ces nouveaux sophistes, en face des contempteurs égarés de la vaccine, nous aussi, nous nous contenterons de marcher, c'est-à-dire que nous continuerons à user du préservatif dont un demi-siècle proclame l'efficacité : cela vaudra mieux qu'une réfutation.

X

Quelques hommes ont écrit des livres dans le but avoué de populariser la médecine, de mettre à la portée de tous la science qui apprend à guérir.

Si le succès devait couronner ces tentatives, s'il était possible d'initier l'ouvrier, le père de famille, l'homme du monde à la pratique de notre art, il faudrait s'en applaudir comme d'une œuvre de haute utilité, en glorifier les auteurs et éterniser leur mémoire.

Mais, hélas! une science qui, comme la médecine, exige les plus belles années de la vie d'un homme instruit et laborieux, libre de tout autre soin, — pour être passablement connue, — ne se communique pas en quelques lignes; et le livre le mieux fait en ce genre meurt sans avoir vécu, impuissant qu'il est à réaliser les généreuses promesses de son titre.

Je n'en excepte aucun, pas même ce *Manuel* fameux répandu à profusion, adopté d'emblée à sa naissance par une foule crédule, et signé d'un nom savant et populaire, personnification systématique du camphre.

Oui, l'artisan le plus intelligent, qui tente d'y puiser des enseignements appropriés à un état de maladie quelconque, rencontre infailliblement d'inextricables difficultés contre lesquelles viennent échouer sa patience et ses efforts infructueux. Oui, je l'ai vu de mes yeux plus d'une fois, candides lecteurs du *Manuel de la Santé*, ou vous croyez fermement être atteints d'une affection que vous n'avez pas, ou vous oscillez péniblement de l'une à l'autre, indécis entre des apparences que vous ne sauriez démêler, et trompés par une vaine ressemblance.

Ne vous en étonnez pas : le tableau de nos maladies est changeant et varie à l'infini, et le cas le plus simple n'est presque jamais calqué sur le modèle unique que vous offrent de tels livres. La maladie est un problème dont les éléments épars sont un appel incessant aux plus vastes connaissances, et dont la solution désirée embarrasse parfois jusqu'au représentant le plus éclairé de la science, jusqu'au praticien consommé, blanchi dans l'exercice de sa profession.

Comment espérer dès lors que les instructions nécessairement écourtées d'un Manuel, quel qu'il soit, puissent vous être profitables ?

Donc, étudiants d'un jour, ne perdez pas un temps précieux ou votre argent, ce qui est pis encore ; n'usez pas votre santé surtout à faire une médecine intempestive.

Le remède est une arme à deux tranchants qui, — entre des mains inhabiles, — peut atteindre du même coup la maladie et le malade.

Camphre, — aloès, — calomélas, — trinité familière du *Manuel*, — nommez vos victimes ! Quels désordres n'avez-vous pas commis depuis le jour où les exhortations téméraires d'un ministre prévaricateur, ont fait croire à la multitude qu'elle pouvait — sans péril — vous invoquer dans ses souffrances ! Empoisonnement chez des enfants, hémorrhagie grave chez des femmes, indispositions légères transformées en maladies redoutables : voilà les fruits amers de la triste popularité qu'on vous a faite. Pussiez-vous ne l'avoir jamais connue à ce prix !

On lit dans le plus ancien de tous les livres cette sentence remarquable : *Honora medicum propter necessitatem* (1). Honorez le médecin à cause du besoin que vous en avez.

Elle n'a point vieilli, et les livres de médecine populaire ne lui ont rien fait perdre de son opportunité. De nos jours comme aux premiers jours du monde, elle est conforme aux véritables intérêts des malades.

XI

Pour compléter, autant qu'il dépend de moi, la somme des avis relatifs aux soins qui vous regardent dans les maladies, il me reste à vous parler des charlatans.

Les fausses promesses dont ils vous bercent, les faux remèdes qu'ils vous débitent sont autant de pièges tendus à votre bonne foi, et où va s'engloutir, bien

(1) Eccli., chap. XXXVIII, v. 1.

souvent sans retour, ce que vous avez de plus précieux, la santé. Des médecins d'une haute autorité en ont fait la remarque depuis longtemps : « Les hôpitaux sont encombrés de maladies mortelles ou d'incurables infirmités que les charlatans ont causées (1). »

En abordant ce sujet, je cède au seul désir de vous épargner des maux inutiles ; j'obéis à un devoir d'autant plus impérieux que le charlatanisme revêt mille aspects, se déguise sous mille formes difficiles à reconnaître quand on n'est pas prévenu, et qu'ordinairement, sans vous en douter, vous devenez sa proie.

Il y a au fond de la nature humaine une intarissable source, un levain inépuisable de crédulité. C'est en vain que la froide raison fait entendre sa voix : le levain fermente toujours, toujours la source jaillit de plus belle.

Si, dans des siècles fort reculés, des hommes se sont rencontrés qui affichaient la superbe prétention de ne croire à rien, de douter de tout, cette opinion ne subsistait que dans leurs discours, leurs disputes et leurs écrits, et ils ne manquaient pas de prouver, par leur conduite dans le train ordinaire de la vie, qu'ils croyaient à quelque chose.

Et, aujourd'hui, tel qui affecte de ne pas croire à

(1) MM. Monfalcon et de Polinière, *Traité de la salubrité.*

la médecine tant qu'il se porte bien, se hâte d'y avoir recours dès qu'il est malade, et courbe humblement la tête devant celui dont il raillait la science.

Vous autres esprits forts, habitants des villes, vous riez, vous vous moquez de la simplicité du paysan qui croit aux sorts, aux apparitions de minuit, qui se signe devant les feux follets des cimetières. Et vous croyez aux tables tournantes, aux arracheurs de dents de la place publique, à leur onguent pour faire pousser les cheveux, à leur poudre pour dissiper tous les maux!... Vous croyez aux guérisseuses, aux entrepreneurs de cures secrètes, au médecin aux urines, au rhabilleur; vous croyez à toutes les jongleries du magnétisme et des dormeuses!

Vous vous persuadez qu'une créature de ce bas monde, sans instruction aucune, peut savoir d'inspiration la médecine. Comme si cette science n'exigeait pas de fortes études et un labeur soutenu! Comme si cette science, fondée sur l'observation et sur l'expérience des siècles, n'avait pas des archives de trois mille ans, — immenses matériaux — où l'homme de l'art doit puiser ses règles de conduite!

Rirez-vous encore de la naïveté du paysan? Vous voyez bien que vous n'en avez pas le droit; vous l'égalez, si vous ne la surpassez pas; la vôtre a seulement changé d'objet. Et elle ruine votre santé pendant que le charlatanisme emplit ses poches. Belle raison, ma foi! et qu'elle prouve bien que vous êtes moins crédules!...

C'est ce fond de crédulité qu'exploitent les charlatans de tous les temps et de tous les lieux; mais ils réservent leur prédilection pour les villes manufacturières. « Ils s'abattent, comme une bande d'oiseaux de proie, sur les grandes agglomérations de travailleurs, dont la crédulité, le peu de lumière et surtout la gêne habituelle sont autant de chances favorables (1). »

L'industrialisme de ces faux guérisseurs ne s'exerce nulle part au monde plus effrontément qu'à Lyon. Il n'y a pas de ville sur le globe où il ose lever la tête avec autant d'audace. Comme la répression légale y est à peu près nulle (2), il ne forme point une imperceptible exception, une faible minorité, il est devenu une exploitation en grand et régulière de la santé publique et, qui pis est, une bonne affaire, un métier à gagner de l'or : le charlatanisme bat monnaie à Lyon.

Alléché par l'attrait tout-puissant d'un lucre facile, on se fait médicastre, guérisseur, guérisseuse,

(1) MM. Monfalcon et de Polinière, *Traité de la salubrité*.

(2) La répression du charlatanisme a reçu depuis peu un commencement d'exécution, grâce, en partie, à l'initiative de l'Association des médecins du département du Rhône, en partie, aux louables efforts des Pharmaciens réunis.

n'importe le nom, comme on se ferait courtier d'affaires, banquier ou entrepreneur. Et l'on trafique, et l'on tripote de la santé, de la vie et des maladies, comme d'autres tripotent et trafiquent de la rente et des actions, — dans le but de faire fortune, — sans nul souci des graves intérêts qu'on expose.

L'état le plus infime, le plus abject, l'ignorance la plus absolue, sont autant d'échelons assurés pour arriver plus vite, s'élever plus haut et causer plus de préjudice aux malades.

On trouve bien ailleurs, çà et là, dans quelque lointain village, une de ces existences en renom à qui la faiblesse et la sottise humaines prêtent le pouvoir de guérir, comme un don reçu du ciel. Mais cette existence est exceptionnelle ; nul n'a vu son commencement, nul ne pourrait dire qui l'a formée, ni d'où elle vient. Et bien loin que le premier venu se croie à la hauteur d'un tel personnage, celui-ci est entouré d'un certain respect, mélange absurde de peur et de vénération, qu'on dirait échappé au naufrage de la croyance aux sorciers du moyen âge.

Et encore, ce sorcier de village ne fait pas école ; il meurt, et ne se remplace guère ; et ses enfants, s'il en laisse derrière lui, rentrent dans la loi commune aux simples mortels : on ne les voit point hériter du *secret* de leur père.

La lignée des sorciers de la seconde ville de France

est autrement féconde : ils multiplient de leur vivant; morts, ils renaissent de leurs cendres; et chaque jour en voit éclore un plus habile, formé de toutes pièces sous nos yeux, en moins de temps qu'il n'en faut pour l'écrire.

En s'attribuant insolemment des cures imaginaires et impossibles, pourvu qu'on s'adjoigne de hardis compères et qu'on sache payer de front, l'instant où l'on se proclame apte à guérir l'humanité souffrante suffit à opérer la métamorphose au complet.

Aussi le mensonge est-il l'arme habituelle et favorite des charlatans. Ils savent par cœur la maxime infâme : « Mentez, mentez toujours; il en restera quelque chose. » Et ils la pratiquent sans pudeur.

O ma ville natale! ô mon pays aimé! toi qui unis à toutes tes gloires le renom éclatant de ton antique probité, inspire-moi! prête-moi des accents qui touchent, dicte-moi des paroles qui persuadent! Tu eus toujours en horreur le mensonge, la duplicité, l'imposture; sois-moi propice dans le combat que je leur livre; aide-moi à démasquer leurs trames perfides. Ton vieil honneur n'était pas fait pour cette honte; viens en effacer la trace impure au noble front de tes enfants.

XII

J'ai lu, dans je ne sais plus quel endroit, qu'un charlatan fieffé, étant tombé malade, fit appeler un médecin.

Le premier était connu au loin; son nom était fort populaire. Un hôtel somptueux lui servait d'habitation, et son cabinet ne désemplissait pas. Il avait, en peu de temps, amassé de grandes richesses.

Le second, homme d'études sérieuses, praticien habile et d'un mérite éprouvé, occupait près de l'hôtel un modeste appartement. Il était peu répandu et restait pauvre malgré de longues années de travail. Ses soins éclairés et assidus sauvèrent le charlatan d'une mort certaine.

Sur le point de s'en séparer, peut-être pour toujours, et frappé de la différence singulière de leur fortune, le médecin lui adressa ainsi la parole :

— Je vous connais depuis longtemps ; vous exerciez naguère une humble profession manuelle qui n'a rien de commun avec la médecine. Vous ignorez jusqu'aux premiers rudiments de cette science ardue et compliquée : vous n'avez jamais ouvert un livre ; c'est à peine si vous savez écrire. Moi, au contraire, je connais mon art, je l'aime, je m'y dévoue tout entier, et je puis, sans vanité, me croire plus instruit que vous. Comment donc se fait-il que vous ayez plus de vogue que moi?

— La réponse est aisée : regardez mon enseigne.

— Elle est colossale et bien faite pour attirer forcément l'attention des passants; mais j'avoue que cela ne suffit pas pour m'expliquer votre renommée.

— N'auriez-vous pas lu ma pompeuse annonce, en caractères gigantesques : *Médecine universelle. Guérison infaillible de toutes les maladies par les incomparables pilules de...*

— Hélas ! je l'ai lue comme tout le monde. Mais, plus elle est hardie dans ses promesses fabuleuses, plus il me semble impossible que les gens sensés s'y laissent prendre.

— Voilà où je vous attendais. Pourriez-vous me dire combien de personnes, chaque jour, passent devant mon hôtel ?

— Je n'oserais risquer un chiffre.

— Je me suis assuré qu'il n'est pas au-dessous de dix mille. Ce chiffre admis, faites la part de ce que vous appelez les gens sensés. A quel nombre l'évaluez-vous, je vous prie?

— Mais...

— Vous hésitez?

— Sans doute : manquant de base et dépourvue de contrôle, mon évaluation serait sans valeur.

— C'est pousser la délicatesse trop loin; et, puisqu'il faut tout vous dire, apprenez que, — sur ces dix mille passants, — vous n'en trouveriez pas dix à classer dans la catégorie... que vous savez. Et ne me taxez pas d'exagération! Les gens du métier savent cela mieux que vous, puisque, pour eux, succès, fortune, renommée, tout est là! Demandez-le plutôt à mes confrères en charlatanisme, — depuis celui qui vend son baume à grand renfort de grosse caisse, — depuis celui qui affiche son nom et ses drogues sur toutes les murailles, — ou qui pratique l'annonce et la réclame dans les journaux grands et petits, — jusqu'aux savants faiseurs de prospectus et de circulaires à une ou plusieurs feuilles? Où en seraient-ils, grand Dieu! tous tant qu'ils sont, et que deviendraient-ils? Où en serais-je moi-même si, — la proportion étant renversée, — le bon sens était en majorité dans le monde où nous sommes? Vous voyez le lot qui vous revient : à vous la fraction respectable, mais microscopique!... à nous la part du lion! à moi la foule! à moi les... simples! La bonne nature me les a dévolus; ma fameuse enseigne les appelle et les charme, et je leur vends mes pilules.

Le médecin restait confondu de tant d'impudence. Il n'essaya point de contredire le charlatan; il dédaigna de réfuter son opinion exorbitante et injurieuse à l'humanité, et retourna silencieux à ses chères études.

Qu'aurait-il pu répondre ?

Mieux qu'un long discours, son obscurité et le soin qu'il prenait de s'instruire, la réserve de toute sa vie et ses vastes connaissances témoignaient hautement de son respect pour la raison de tous.

XIII

Parmi les différents genres de charlatanisme contre lesquels je voudrais vous précautionner, il en est un qui, à plus d'un titre, mérite la première place.

Il est très-goûté, — il flatte l'idée religieuse, — il est entre les mains d'un sexe à qui la nature a rendu la séduction familière, et dont les plus doux triomphes se comptent trop souvent par les défaites de la raison.

Je veux parler de l'industrialisme des guérisseuses.

Qui l'aurait pensé ? Des femmes, des jeunes filles, peu touchées des devoirs de leur sexe, oubliant la pudique réserve qui en est l'ornement et le charme, s'érigent en docteurs, et s'abouchent avec des malades, au risque de sonder leurs plaies les plus secrètes !

Et si je demande qui les a faites ce qu'elles prétendent être ? d'où vient leur science ? — Pour toute réponse — j'entends murmurer mystérieusement à mon oreille les mots d'*inspiratian*, de *seconde vue*, et l'on me montre la foule ébahie, fascinée, séduite, encombrant les marches du nouveau temple, et faisant à un oracle — avide de gain — le sacrifice deux fois déplorable de sa raison et de sa santé.

Dérision et scandale ! parce que des maladies qu'on n'a pas étudiées, des remèdes qu'on ignore, ne se peuvent pas plus deviner que les défauts ou les erreurs d'un ouvrage qu'on n'a jamais vu.

Dérision et scandale ! parce que ces guérisseuses jargonnent des expressions médicales et des recettes de formulaire apprises de mémoire dans des livres où le premier venu peut les épeler, et appliquent inconsidérément les unes et les autres sans en savoir ni la portée ni la valeur.

Dérision et scandale enfin ! parce qu'en se servant abusivement d'un ressort divin, — l'inspiration, — comme d'une amorce, — elles surprennent la bonne foi des simples, et trompent doublement les malheureux qui tombent dans leurs filets.

J'ai peine à concevoir un si profond mépris de la conscience et de la santé universelles ; mais je comprends encore moins la confiance aveugle qui s'attache aux téméraires conseils de ces charlatans en jupon.

Non, la médecine n'est point une œuvre d'inspiration.

Elle est ce que l'a faite le travail des siècles, une noble science dont toutes les autres sont tributaires.

Or, la science est la royauté de l'intelligence; et, — n'en déplaise aux efforts usurpateurs des guérisseuses, — cette royauté-là n'est pas près de tomber en quenouille.

XIV

Le magnétisme ne pouvait manquer de devenir un instrument de charlatanisme. Je soupçonne même le premier de descendre en ligne directe du second; et cette filiation ne me semble point contraire aux lois de la vraisemblance.

Ce sont deux roués compères qui ont même air et même allure, vivent bons amis, entendent merveilleusement leurs intérêts, et se font admirablement la main pour exploiter en commun l'ignorance et la crédulité.

Quoi qu'il en soit, e tlaissant de côté la question de paternité qui me mènerait trop loin, je me borne à constater leur étroite alliance, sans prétendre en déterminer le degré. Elle existe, elle est notoire ; cela ne saurait faire l'objet d'un doute à Lyon où elle brille du plus vif éclat. Compulsez les sommiers judiciaires de la Correctionnelle, vous y verrez la preuve de ce que j'avance, vous y retrouverez les noms flétris des plus hauts représentants du magnétisme en action.

A en croire les adeptes de la nouvelle doctrine, il suffit d'un acte de la volonté pour engendrer, chez un sujet favorablement disposé, des phénomènes de divination tels, qu'ils laissent bien loin derrière eux toutes les merveilles opérées par les Robert-Houdin anciens et modernes, c'est-à-dire par les prestidigitateurs les plus consommés.

Plongé dans le sommeil magnétique, le *sujet* voit par delà les plus épaisses murailles et en dépit de toutes les distances; décrit de la manière la plus exacte des lieux qu'il n'a jamais visités; révèle les trésors enfouis dans les entrailles de la terre; lit dans le corps humain comme dans un livre banal, et découvre dans les minéraux et les plantes leurs propriétés curatives les plus cachées; action, parole, pensée, rien n'échappe à sa *clairvoyance.*

Voilà ce que disent les croyants ; je n'invente pas, je raconte.

Un des leurs, très-honnête homme assurément, s'est ému des conséquences énormes d'une si prodigieuse *lucidité*, et y a vu un danger social. Il prépare sérieusement un mémoire au Conseil d'État, pour le supplier d'aviser.

« Au point où est arrivé le magnétisme, me disait-il dernièrement, il est temps que les gouvernements réfléchissent, se consultent et prennent en commun des mesures pour résister à ses envahissements; sinon, il bouleversera la société et en rendra l'administration impossible.

« Ne voyez-vous pas qu'en le laissant faire, il n'y aura bientôt plus de sécurité pour personne?

« Vous avez passé les meilleures années de votre vie à écrire un bon livre, à poursuivre une découverte scientifique ou une invention utile ; vous voulez réaliser votre rêve, jouir du fruit de vos longs travaux : vain espoir ! vous avez compté sans le magnétisme ; il vous volera votre œuvre.

« Le ministre et le gendarme, l'ambassadeur et le général d'armée, le préfet et le procureur général donnent ou reçoivent des ordres d'une haute importance, à l'exécution desquels le succès n'est promis qu'autant qu'ils sont et restent confidentiels : le seront-ils en regard du magnétisme qui, quand il le voudra, peut les jeter en pâture à la curiosité du public ? »

On est obligé d'en convenir, ce robuste croyant est logique. En se plaçant à son point de vue, il est impossible de ne pas lui donner raison. Il est clair que, du moment où le magnétisme tiendrait ses promesses, il n'y aurait plus de sécurité nulle part, et la société se dissoudrait fatalement.

C'est déjà une grave présomption contre lui.

Mais si l'on scrute froidement ses œuvres, on ne tarde pas à se convaincre qu'elles portent le sceau de l'erreur.

Oui, l'on parvient à endormir quelques personnes très-nerveuses, très-impressionnables ; oui, l'on en obtient même quelques paroles incohérentes ou inintelligibles, analogues à celles qui parfois s'échappent dans les rêves. Mais ces faits qui, d'ailleurs, ne se produisent pas toujours et à volonté, — s'expliquent pleinement, aux yeux du médecin dégagé de prévention, — par l'action de la simple *influence morale*, et sans qu'il soit nécessaire d'admettre un *fluide* quelconque, — magnétique ou autre, — dont rien ne démontre l'existence.

L'influence morale a sur nos organes plus d'empire que vous ne pensez.

C'est par elle qu'il est arrivé à tel individu d'être purgé, après avoir pris un médicament auquel il supposait cette vertu.

C'est par elle que vous subordonnez la durée de votre sommeil à l'urgence de vos affaires, et que vous pouvez, — quand vous le voulez fortement, — fixer d'avance l'heure précise de votre réveil.

C'est par elle que — vous-même, peut-être, ami

lecteur, — avez vu la douleur de dent la plus atroce se dissiper comme par enchantement au moment où vous agitiez la sonnette du dentiste.

Mes anciens camarades de classes ont souvenir, ainsi que moi, de ce trop sensible élève,

> Enfant, non pas des plus petits,
> Mais garçon de quinze ans, si j'ai bonne mémoire (1),

à qui, dans nos jours d'espièglerie, il suffisait de dire, en l'interpellant par son nom : *Tu pleures, L.....t!* pour lui arracher incontinent des torrents de larmes.

Était-ce magnétisme ou influence morale ?

C'est à une influence semblable, — habilement exploitée par le magnétisme, — que cèdent certaines natures mobiles, vaporeuses, délicates organisations de gaze et de dentelle. Dominées par la pensée qu'on va les endormir et les faire parler pendant leur sommeil, elles tombent irrésistiblement dans un état de somnolence accompagné d'une sorte de loquacité délirante et sans but.

Mais, vouloir tirer de ce sommeil improvisé autre chose que des rêvasseries; prétendre en faire sortir la révélation inouïe des mystères sociaux, du passé, du présent, de l'avenir, des maladies et de leurs re-

(1) La Fontaine. — Livre III, fable I.

mèdes, — c'est demander à la mort le secret de la vie; — c'est prendre pour les divines clartés de la raison les tristes hallucinations du visionnaire.

Il y a quelque dix ans, l'Académie des sciences reçut mission de décerner un prix de 25,000 francs au sujet magnétique qui lirait les yeux bandés.

Tous les somnambules faisaient volontiers cet exercice dans les salons ou sur les planches du théâtre; ils lisaient dans des livres fermés et déchiffraient toute une épître, en s'asseyant dessus ou en la posant bien pliée et fermée sur leur ventre; mais, devant l'Académie, on ne put rien lire du tout, et le prix ne fut point gagné.

Je le dis comme je le pense, les prétendus prodiges magnétiques, — qui ne relèvent pas directement et exclusivement de l'influence morale, — sont entachés de supercherie et doivent être relégués dans le domaine des fables.

Je cherche parmi leurs applaudisseurs des juges, et je ne vois que des complices ou crédules ou complaisants. Ce n'était certes pas la peine de conclure à l'intervention des esprits infernaux en faveur du magnétisme pour avoir la raison de ses fantastiques merveilles. Cette interprétation étrange a aussi l'inconvénient de rehausser le prestige des dormeuses, en les investissant du rôle de prêtresses de l'enfer. Dormeuses ou magnétiseurs,—plus d'un tour l'attesterait au besoin, —ne sont point des suppôts du diable, à moins qu'ils ne le soient...... du diable d'argent. Vous tous à qui la vérité est chère, qui rougissez de l'erreur comme d'une honte, de l'imposture comme d'une mauvaise action, cherchez la lumière, et elle se fera; pas n'est besoin, pour la voir, de beaucoup de science, elle éclaire quiconque veut ouvrir les yeux.

Prenez un tout petit carré de papier blanc, — tracez-y un mot, un seul, à votre choix, loin de tous les regards; —présentez-vous ensuite au plus lucide des sujets magnétiques, et demandez-lui, — ce papier dans la main, — la main soigneusement fermée, — de déchiffrer ce que vous aurez écrit : s'il en vient à bout, le magnétisme est une vérité; s'il refuse l'épreuve ou s'il se trompe, le magnétisme est un mensonge.

XV

En 1844, pendant les premiers froids d'octobre et de novembre, je donnais des soins à un homme de la rue de la Quarantaine, cloué sur son lit par un rhumatisme articulaire aigu.

La maladie durait depuis quarante jours, et j'avais annoncé qu'elle se prolongerait encore, mais que rien ne faisait craindre une terminaison fâcheuse.

Malgré cette assurance, sa jeune femme s'alarmait plus que de raison. Deux ou trois commères du voisinage, froissées de ce que, dans le cours du traitement, j'avais un peu négligé leurs conseils, ne contribuaient pas mal à nourrir son inquiétude et ne me le cachaient guère.

A leur mine allongée, à leurs soupirs officieux, à leur air contraint et dolent sitôt que je paraissais, je compris que le doute avait pris chez elles, à mon endroit, la place de la confiance. Le doute est communicatif; elles l'inoculèrent à la femme du malade qui ne sut pas s'en défendre.

Quand on en est là, quand on ne croit plus au médecin, on se jette volontiers dans les bras du premier charlatan venu.

Ce fut à la dormeuse la plus renommée du quartier de l'Ouest qu'échut cet honneur. Je ne tardai pas à en être instruit, comme vous l'allez voir.

Un jour, à l'heure de mon cabinet, une femme se présente, la figure bouleversée, tout en larmes; et, d'une voix brisée par la douleur :

—Vous me trompez, Monsieur, mon mari est perdu.

C'était, je n'ai pas besoin de le dire, la femme du malade de la Quarantaine.

— Il va donc plus mal?

— Vous le savez de reste : il ne s'en relèvera pas; il n'en a que pour quelques jours.

— Mais, en quoi son état, qui n'avait rien d'alarmant hier, est-il changé?

— Les voisines avaient bien raison, quand elles me disaient de ne pas croire à vos espérances.... Et moi qui avais mis toute ma confiance en vous!... C'est affreux de tromper une femme!

— Calmez-vous, je vous prie; et racontez-moi enfin quel accident subit, imprévu, a pu vous désespérer à ce point.

— Ah! Monsieur, vous n'ignorez rien du triste état de mon mari. Il y a longtemps qu'il est condamné... D'ailleurs, on me l'a dit.

— Votre mari condamné! Et par qui? qui vous a débité cette sottise?

— Puisque vous persistez à me cacher la vérité, je serai franche, je vous dirai tout ce que j'ai sur le cœur; aussi bien, suis-je venue pour cela. Lasse de voir souffrir mon mari d'une maladie sans fin, et décidée à savoir une bonne fois s'il n'y avait pas d'autres remèdes à lui appliquer pour le tirer de là, je me suis adressée, hier, à la dormeuse de la rue Saint-Jean.

Souffrante elle-même, elle ne put me donner une séance tout de suite; mais elle me fit promettre de revenir le lendemain, en m'assurant qu'elle serait guérie, et en me recommandant de lui apporter des cheveux du malade, dont elle avait besoin pour se mettre en communication avec lui.

Tout à l'heure, quand on m'a introduite auprès d'elle, le magnétiseur m'a dit, en me faisant asseoir : Vous n'avez pas perdu à attendre ; c'est un de ses jours de haute lucidité ; jamais sa clairvoyance n'a été plus remarquable ; vous saurez tout ce que vous voulez savoir.

Quelques minutes après, le magnétiseur l'avait endormie et la pressait de nous dire ce qu'elle voyait. Je retenais mon haleine pour ne rien perdre de ce que j'allais entendre. Oh ! ses paroles se sont cruellement gravées dans ma mémoire.

— Je vois, a-t-elle dit, dans une grande chambre un homme brun étendu sur un lit, presque sans mouvement. La jeunesse n'y fait rien. La faux est aiguisée ; la fosse est ouverte et les pieds ne sont pas loin du bord. Il aura bientôt fini de cracher ses poumons. Le remède a son heure, la mort a aussi la sienne : il est condamné depuis longtemps.

C'était horrible à entendre, n'est-ce pas ? pour une pauvre femme, à qui vous n'aviez pas fait pressentir un tel malheur, et qui s'était laissé endormir par vos belles promesses dans une fausse sécurité. Oh ! je ne vous le pardonnerai de ma vie !

— Je vous ai écoutée jusqu'au bout ; m'écouterez-vous, à votre tour ?

— A quoi bon? vous ne me rendriez ni ma confiance ni mon mari.

— Je m'engage à rétablir l'un et l'autre; et j'espère, du même coup, vous dégoûter pour toujours des consultations magnétiques, en vous faisant toucher du doigt que votre dormeuse ne croit pas du tout à cette clairvoyance qu'un charlatan lui prête pour leur mutuel profit. Et vous auriez été la première à découvrir la supercherie, si votre esprit n'eût pas été troublé et dérouté d'avance par l'exagération de vos craintes et par les sottes insinuations de votre entourage.

Depuis que je visite votre mari, le hasard m'a fait connaître votre plus proche voisin, celui qui habite une chambre dont la porte s'ouvre sur le même carré que la vôtre. Les paroles de votre dormeuse viennent de me le remettre en mémoire, car elles s'appliquent on ne peut plus exactement à ce malheureux. Jugez-en.

Il est brun ; il est jeune ; il s'en va mourant après quinze mois de souffrances ; il est poitrinaire. Voilà bien celui dont la dormeuse a pu dire qu'il crachait ses poumons et qu'il était condamné depuis longtemps. Mais en quoi la funèbre sentence désigne-t-elle votre mari, qui a un rhumatisme, c'est-à-dire des douleurs dans les jointures, qui n'est malade que depuis six semaines, et dont la guérison certaine n'est désormais qu'une question de temps ?

Le comprenez-vous? pour vous préparer une séance à effet, pour faire parade de lucidité et de clairvoyance, — à vos yeux, — aux yeux de ceux qui auraient partagé votre illusion, — on avait besoin de renseignements précis, circonstanciés, authentiques, sur le compte de votre malade. — On en a pris. — Les termes mêmes de la sentence de votre sibylle prouvent qu'on en a fait prendre. Ils prouvent aussi que le voisinage du poitrinaire a servi à égarer les informations et qu'on a fait fausse route sans s'en douter.

Le comprenez-vous? vous êtes victime d'une fourberie grossière ; et elle est mise à nu par le moyen qui semblait devoir être le plus propre à en assurer le succès.

On vous a donc affligée en pure perte.

Un mois après cette conversation, des deux malades, l'un, le poitrinaire, était mort; l'autre, le rhumatisé, venait me remercier de mes soins. Et sa jeune femme, tout à la fois heureuse et confuse, me disait : Je ne croirai plus aux dormeuses.

XVI

Je n'en ai malheureusement pas fini avec le magnétisme. Telle est la foi qu'il inspire que par lui l'on peut tout oser.

D'audacieux charlatans sont venus, qui en ont fait une application nouvelle. Ils ont supprimé la dormeuse et ses oracles. Qu'est-il besoin de lire ce qui se passe dans les organes malades ? à quoi bon découvrir des remèdes ? Le fluide magnétique possède bien d'autres vertus !

Ah ! l'on s'imaginait qu'il n'opérait des miracles qu'à la condition d'endormir les femmes nerveuses ? — Erreur. — Il deviendra entre les mains des habiles une panacée, le seul et véritable remède de toutes les maladies : toutes se traiteront par des passes, toutes guériront par des passes.

Et l'imposture s'est bravement mise à l'œuvre. Et, du salon à la mansarde, les malades se sont émus; ils accourent et se prêtent docilement à l'expérience. Avec une ferveur digne d'un meilleur sort, ils attendent qu'on leur infuse ou qu'on leur soutire le fluide imaginaire. Une, deux, trois séances, — un peu plus, un peu moins, selon la rondeur de la bourse, — et la farce est jouée !

D'aventure, l'étrangeté du traitement, — en frappant l'imagination, — distrait quelques femmes qui s'ennuient, — dissipe çà et là quelques maux de nerfs de boudoir ; et, quant aux vrais malades, ils guérissent ou ils ne guérissent pas, — peu importe : on paie comptant et l'on parle du magnétiseur, — c'est l'essentiel ; cela sert d'appeau pour attirer d'autres dupes, et cela dure le temps de remplir la caisse.

En vérité, ce serait grotesque, si ce n'était pas profondément triste. Pauvres malades ! pauvre raison humaine !

A de pareilles jongleries on ne fait pas l'honneur d'une réfutation ; on les montre au doigt, en passant, et l'on poursuit sa route.

XVII

C'est surtout dans les campagnes qu'on rencontre et qu'on consulte le médecin aux urines. Il daigne cependant habiter les grandes villes, et Lyon en a vu plus d'un entouré, pour un temps, de la faveur populaire.

Il faut que l'amour du merveilleux ait dans la faiblesse humaine des racines bien vivaces, pour que cette espèce de charlatanisme ait réussi à trouver des partisans ; car il existe à peine une demi-douzaine de maladies bien tranchées que l'urine puisse dévoiler au médecin. Encore ne lui suffit-il pas, pour asseoir son jugement, de tenir compte des qualités grossières qu'il découvre à l'œil nu, et a-t-il besoin de décomposer le liquide par des réactifs chimiques, souvent même, de l'analyser.

Ces opérations indispensables exigent du savoir :

première raison pour qu'un charlatan ne soit pas tenu de les pratiquer ; et puis cela le ferait descendre du piédestal où l'a hissé le mensonge, cela compromettrait son prestige.

Pourvu qu'on lui montre un peu d'urine, il devine la maladie ; il devine, — entendez-vous? — C'est son secret, et il le dit.

Et, en plein dix-neuvième siècle, le siècle avancé, sceptique et railleur, qui a fait fi de tous ses devanciers, — on le croit !

Et des gens de toute classe, un flacon d'urine à la main, font queue dans son antichambre ! Et, de bonne foi, ils attendent leur guérison d'un homme qui proclame une telle hâblerie !

Honte et misère ! oh ! c'est à regretter les folies de la sorcellerie et de la magie ! Quelquefois, du moins, elles prêtaient à rire aux sages du bon vieux temps. Le médecin ne peut pas rire d'un acte d'escobarderie où se joue une vie d'homme.

Au surplus, ne me croyez pas sur parole ; et, si vous n'êtes pas convaincus de l'ignoble nullité du médecin aux urines, avant de lui donner votre confiance, mettez à l'épreuve le mystérieux savoir dont il se vante. Mais, pour Dieu ! agissez par vous-mêmes et n'ayez pas de confident.

Je veux, à ce sujet, vous citer une histoire.
Un rusé paysan, nommé père Grégoire,

Tant soit peu soupçonneux, forma l'adroit dessein
De tromper le savoir d'un pareil médecin.
Afin de réussir, notre drôle imagine
Ce grossier stratagème : il remplit d'une urine
Assez forte d'odeur un transparent flacon;
Celle-ci provenait de maître Aliboron.
Lors, il va consulter. — Hélas! mon pauvre frère
Souffre beaucoup, monsieur; parlez, que faut-il faire?
Dit-il, en affectant un visage chagrin.
Il montre en même temps le liquide citrin.
— *Boudet* le charlatan prend le flacon d'urine,
Il la sent, il la goûte, avec soin l'examine,
Et répond : Ce liquide indique clairement
Que déjà votre frère est atteint gravement.
— Mon frère va très-bien, reprend père Grégoire;
L'urine est de mon âne, et je commence à croire
Que vous n'avez pas plus de science que lui,
Mais que vous exploitez la sottise d'autrui (1).

XVIII

« Il est reçu jusque dans les classes moyennes, que « les luxations et autres lésions articulaires ne sont « pas connues des chirurgiens et médecins, même « les plus renommés; c'est au rhabilleur du quar « tier, c'est-à-dire à un misérable empirique, que les malades sont envoyés (2). »

Je ne me plaindrais pas de cette aberration sin-

(1) *Fragment d'une satire contre le charlatanisme, par* P. P., *publiée dans la Gazette médicale de Lyon du* 29 *février* 1856.
(2) MM. Monfalcon et de Polinière, *Traité de la salubrité.*

gulière, si elle n'était qu'offensante pour le médecin ; mais elle le blesse moins qu'elle ne nuit au malade. Souffrez donc que je vous fasse part des réflexions qu'elle me suggère.

Eh quoi ! vous admettez que de longues et patientes études sont nécessaires à qui veut devenir habile dans les sciences, les belles-lettres ou les beaux-arts. En sculpture, en poésie, en astronomie, vous reconnaissez volontiers l'autorité laborieusement conquise des maîtres ; vos fronts se découvrent avec respect devant les images de Newton, d'Homère, de Michel-Ange.

Dans un ordre de choses moins relevé, vous comprenez, et beaucoup savent d'expérience que la pratique du plus humble métier exige un long et pénible apprentissage.

Et, par je ne sais quel malentendu, par une exception bizarre, inouïe, injuste, vous méconnaissez les avantages de l'étude la plus consciencieuse, vous récusez les fruits de l'apprentissage le plus éclairé, quand il s'agit de la plus matérielle, de la plus positive des branches de l'art médical, de celle qui a pour but la connaissance et le traitement des lésions articulaires ! De propos délibéré, vous vous détournez du praticien formé à l'école de l'expérience et du savoir, et vous avez hâte de porter une prime d'encouragement à l'ignorance.

Entorses, foulures, jointures contusionnées et gonflées, membres déboîtés, tours de reins, côtes froissées ou enfoncées, accident quelconque produit par un faux pas ou par une chute, par un effort ou par un coup : tout cela devient le monopole du rhabilleur. On a recours à lui dans toutes ces circonstances, persuadé qu'il y a quelque chose de *démis*, persuadé, par conséquent, qu'il y a quelque chose à *remettre*.

C'est une idée fixe. D'où vient-elle ? je l'ignore.

A-t-elle créé le rhabilleur? ou bien, le rhabilleur l'a-t-il créée, pour avoir une raison d'être? Je ne sais. Mais, ce que je sais bien, c'est que le médecin s'épuise en efforts inutiles à redresser cette opinion erronée et dangereuse.

Le rhabilleur ne lutte pas contre elle. Il l'accueille, la flatte, la ménage ; et il grandit dans l'opinion, en déclarant, ce à quoi il ne manque jamais, qu'il a *remis*, à l'un, le *crochet de l'estomac*, à l'autre, un *nerf foulé, chevauché ou entre-sauté*.

Ne possède-t-il pas pour cela un don surnaturel ? Si vous en doutez, voyez plutôt ! Il tâte, palpe, pétrit, malaxe, manipule, et le *rhabillage* est opéré. En faut-il davantage pour justifier aux yeux de la raison, d'un don inné, souverain, sans contrôle ?

Hélas, j'admire l'héroïque candeur du public !

Qu'on aille trouver le rhabilleur ou qu'on l'appelle, on n'a qu'un but, on ne forme qu'un désir, on ne lui demande qu'une chose, c'est d'être *rhabillé.*

Et, quand le pauvre blessé sort d'entre les mains du rhabilleur, il emporte naïvement avec lui l'assurance qu'il vient d'être *rhabillé.*

Il n'est pas tout à fait guéri, c'est vrai ; il lui faudra encore des soins, du repos, peu importe ; maintenant, il attendra patiemment la guérison, puisqu'il est *rhabillé.*

Et si la guérison fait défaut, si le mal persiste et se prolonge au delà des prévisions du rhabilleur, alors, on se risquera à consulter le médecin. On n'aura rien à craindre de son ignorance du *rhabillage*, et ses remèdes ne pourront manquer de réussir : n'est-on pas *rhabillé ?*

Et, au milieu des lenteurs d'une maladie devenue incurable — faute de soins intelligents au début, — il ne vient pas à l'idée que le *rhabillage* puisse être une piperie ; et l'on ne soupçonne même pas l'inanité du rhabilleur et de ses procédés, tant la foi est grande aux charlatans de toute espèce !

Je ne demanderais pas mieux de proclamer avec vous la supériorité du rhabilleur, si elle était réelle : il n'y a pas de honte à avouer le mérite d'autrui. Mais je me vois forcé de flétrir sa monstrueuse industrie. Le privilége qu'il s'arroge ou que vous lui octroyez est purement imaginaire.

A quoi se réduit donc l'office du rhabilleur? Je vais vous le dire.

Dans les affections légères, par ses manipulations imprudentes, désordonnées, intempestives, souvent il empire le mal.

Il l'empire sûrement dans les cas graves. Et, de plus, ses feintes manœuvres, en inspirant au blessé une quiétude hors de saison, lui font perdre de vue, et le véritable caractère de la maladie, et le remède convenable.

Et c'est ainsi que des entorses de toute nature, qu'aurait guéries un traitement approprié, dégénèrent en d'affreuses tumeurs blanches qui, après des mois ou des années de souffrances, nécessitent l'amputation du membre ou conduisent le malade au tombeau.

Et voilà l'industriel qu'un préjugé indigne a fait le rival heureux des sommités chirurgicales de Lyon !

On se sent pris de découragement à l'encontre d'une pareille énormité.

En vous signalant le rhabilleur comme on signale un écueil, puissé-je avoir réussi à ébranler votre confiance en ses œuvres ! Puissé-je vous avoir fait comprendre que le véritable don de guérir les lésions articulaires, est le fruit légitime de la science fécondée par un travail opiniâtre.

XIX

Il est une classe de maladies dont l'origine suspecte inspire à ses victimes une sorte de honte, et que la honte voudrait dissimuler à tous les yeux. Je ne la nommerai point, puisqu'il est convenu qu'elle doit rester *secrète*.

Elle est devenue le point de mire de la fraction la plus famélique, la plus perverse, la plus dangereuse du corps des charlatans. Les individus qui la composent cumulent toutes les excentricités du genre.

Vous avez vu les représentants des autres variétés, à l'imitation de l'Ane de la fable, vêtus de la robe usurpée du Docteur; mais, là, se bornait leur convoitise illicite. La catégorie des entrepreneurs de cures secrètes est plus âpre à la curée.

C'est peu, pour elle, de se draper dans les plis d'un vêtement d'emprunt. Elle endosse la robe, et elle tient boutique de marchandises ! Elle singe le langage et les arrêts de la science, et elle trafique en gros et en détail ! Elle a un assortiment de consultations et de drogues ; et la main qui signe l'ordonnance met prestement la plume derrière l'oreille pour vendre à la pratique !

Ce hideux cumul est un triple attentat à la loi, à l'honneur, à la santé publique.

La loi se résigne à sa défaite ; elle ferme les yeux.

La santé publique ne sait que pâtir.

L'honneur seul se venge. Il répudie ceux qui l'outragent et les abandonne à toutes les bassesses d'un commerce impur.

Placé entre son intérêt et son devoir, l'honnête homme n'a qu'une issue, le sacrifice de son intérêt.

L'issue est fermée d'avance à ces honteux faiseurs d'affaires. Fabricants de prétendus remèdes qu'eux seuls conseillent, il leur faut des débouchés pour écouler la marchandise et pour la renouveler; il leur faut des malades pour en effectuer le placement et la consommation.

Et ils se mettent à l'affût comme des bêtes fauves, et ils guettent les passants comme une proie : tous leur sont bons ; aucun n'est renvoyé les mains vides.

Quel monstrueux tripotage ! quelle source immonde de profits équivoques !

Qui en est doublement victime? le malade.

Qui se frotte les mains derrière le comptoir? Celui qui fait l'inventaire.

Mais, l'honneur ! où est-il ?

Il paraît qu'ainsi comprise l'exploitation de ces maladies est bien lucrative ; car les exploitants sont nombreux, — on les compte à Lyon par centaines ;—

et ils s'enrichissent vite, quoiqu'ils se fassent mutuellement une rude concurrence.

« Nos rues, nos places, tous nos édifices publics, et jusqu'aux portes de nos habitations particulières sont souillés de leurs affiches immorales . . . . . . D'effrontés prospectus vont tenter l'ouvrier jusque dans son atelier, et la quatrième page de nos journaux est alimentée par leurs annonces (1). »

Et chacun d'eux proclame sa drogue de beaucoup supérieure à toutes les autres, et revendique pour la sienne seule — l'honneur d'une cure radicale et infaillible.

Rivaux de boutique et de carrefour, ils luttent d'astuce et d'audace, d'artifice et de publicité, dans tout ce qui a pour but d'affriander les chalands ; ils ne sont d'accord que sur un point, ils ne s'entendent que dans leur haine pour la vérité.

Par exemple, tous les médecins savent que le mercure a la bonté de guérir ceux qui en disent le plus de mal. Cela se renouvelle, cela se vérifie entre leurs mains, tous les jours, depuis trois siècles et demi que dure l'expérience.

Voulez-vous que la médecine ait des yeux pour ne pas voir ? Elle ne prononce pas que le remède est infaillible : il n'y a de drogue infaillible que dans le

(1) MM. Monfalcon et de Polinière, *Traité de la salubrité*.

vocabulaire des charlatans. Elle ne dit pas non plus, — ce que vous semblez croire, — qu'il vous rendra votre santé première.

Elle dit : Le remède vaut mieux que le mal, et l'on accuse à tort le premier des ravages sourdement exercés par le second.

Mais, malgré tout, le peuple, qui ne raisonne pas ses croyances, se défie du mercure.

La cupidité a flairé là une bonne affaire, et, spéculant sur cette répulsion injuste, elle a songé au moyen d'en tirer le meilleur parti. Et voilà comment la porte a été ouverte aux entrepreneurs de guérison à forfait.

Entendez-les crier sur tous les tons, chacun de son côté, qu'ils ont découvert le traitement végétal !

Entendez-les prôner l'efficacité et la vertu du nouveau médicament, sans un atome de mercure, dépuratif assuré du sang et des humeurs, auquel rien ne résiste : ni les affections récentes, ni les affections anciennes, voire même les plus tenaces, les plus rebelles, les plus invétérées !

Beaucoup de bruit, beaucoup de mensonges.

Ceci est grave cependant, car il s'agit d'une terrible maladie qu'il faut guérir à tout prix, sans retard et le plus sûrement possible, non-seulement dans l'intérêt de celui qui en est atteint, mais encore dans l'intérêt de la famille.

Souvenez-vous de ce que je vous ai dit ailleurs des maladies héréditaires. Cela est très-grave, et vaut la peine qu'on s'enquière où est la vérité. Je désire vous y aider de tout mon pouvoir; et voici le raisonnement que, dans ce but, je soumets à votre impartiale appréciation.

Est-ce un seul et même dépuratif qui est entre les mains de tous ces boutiquiers? ou bien chacun d'eux emploie-t-il, à l'occasion, un dépuratif de nature différente?

Si vous croyez que le remède puisse être différent dans chaque boutique, vous serez forcés de convenir que la découverte en est facile à qui veut s'en donner la peine; car les inventeurs sont très-multipliés, et le nombre s'en accroît tous les jours.

Mais alors, ce me semble, vous ne pourrez refuser la même facilité à la Médecine intelligente et honnête qui, depuis l'apparition du fléau, étudie toutes les difficultés du problème et s'efforce d'en pénétrer le secret. Elle est aussi bien douée que personne pour de semblables recherches, et pas mal compétente, j'imagine.

Si vous pensez, au contraire, que le même remède est commun à tous les entrepreneurs de cures secrètes, comment pouvez-vous supposer qu'il soit inconnu uniquement à la Médecine? Quel concours de circonstances aurait pu, tout à la fois, et le désigner à l'attention des bâtards de la science, et le soustraire à la sagacité de ses fils légitimes?

Une telle interversion des rôles n'est ni vraie, ni vraisemblable, ni possible.

Donc, le traitement végétal, dans la bouche des charlatans, n'est qu'un mot de convention inventé pour étiqueter et pour faire passer la marchandise. Donc le traitement végétal cache un mystère d'iniquité et d'infamie.

Le peuple est économe par nécessité; on s'est dit : Nous le tenterons par l'appât de la consultation gratuite.

Le peuple est avare de son temps; on s'est dit : Nous lui promettrons la guérison à jour fixe, prompte, radicale et infaillible.

Le peuple est antipathique au spécifique séculaire; on s'est dit : Nous l'allécherons par l'annonce du traitement végétal.

Le peuple croit volontiers à la protection efficace de l'autorité et des lois; on s'est dit : Nous publierons à son de trompe que la drogue se débite avec l'approbation de la Faculté et l'autorisation du gouvernement.

Eh bien! tout cela : approbation ou autorisation, dépuratif végétal, infaillibilité de la guérison, médecine au rabais, voulez-vous que je vous le dise? tout cela, c'est de la..... *blague!*

La belle économie qu'on vous propose, sous prétexte de bon marché! — Rob ou sirop, — rappelez-vous le prix de la fiole! Dans toute pharmacie honnête, qui ne prostitue pas sa renommée aux souillures des consultations secrètes, vous payeriez dix fois moins cher un remède équivalent, sinon supérieur et mieux préparé.

Elle est engageante, la cure qu'on vous promet, et l'on a raison d'en proclamer l'infaillibilité! — Parcourez les salles d'un hôpital que je n'ai pas besoin de nommer; interrogez les malheureux qui le remplissent; qu'ils vous disent de combien de drogues *infaillibles* ils se sont abreuvés sans succès, et le temps perdu, et l'argent gaspillé, avant de réclamer les secours de la médecine!

Elle est séduisante, elle est sincère surtout, la découverte végétale! — composition le plus souvent indigeste de substances incohérentes et sans vertu, tant qu'elle reste fidèle à la candeur de son origine, — devenant plus funeste encore entre les mains ignorantes qui la débitent, quand elle ose, — cela s'est vu, — trahir son nom et la naïveté du consommateur, en s'associant étourdiment au mercure!

Oui, elle serait recommandable, l'autorisation ou l'approbation dont on se pare, si elle était réelle! — mais elle est toujours habilement détournée de son vrai sens, de manière à tromper le public, et insidieusement accolée à la marchandise pour faire croire à des propriétés qui n'existent que dans le prospectus ou sur l'affiche. Cet abus est si flagrant, que je m'étonne du silence et de la non-intervention de l'autorité supérieure.

Voici un bel exemple de savoir-faire en ce genre.

Une pharmacie bien connue, qui annonce des consultations pour toutes les maladies et qui exploite en réalité une seule classe de malades, se proclame dépositaire du *Sirop de salsepareille — extrait du Codex medicamentarius — approuvé par les facultés de Médecine et de Pharmacie.*

Cette rédaction est, dans sa concision, un véritable chef-d'œuvre... de charlatanisme.

Lecture faite, ceux qui croient éprouver le besoin d'un dépuratif s'imaginent tout naturellement que le sacramentel *approuvé* s'applique à l'emploi du traitement végétal par le susdit sirop, et que le *codex medicamentarius*, — relique d'antiquaire tirée d'un injuste oubli, — a fourni cet arcane à quelque savant modeste, voué à d'opiniâtres études et récompensé de sa découverte par une haute approbation.

Détrompez-vous... le *Codex medicamentarius* est entre les mains de tous les pharmaciens et leur est imposé comme un guide qu'ils doivent suivre dans la préparation des remèdes en général et du sirop de salsepareille en particulier. L'*approuvé* concerne uniquement le mode préparatoire qui y est décrit et qui est obligatoire.

Ab uno disce omnes. Par l'exemple d'un seul, vous les pouvez juger tous.

Les coupables auteurs de ces entreprises ignominieuses sont la honte du siècle et la lèpre de la médecine : véritables fléaux de la population qu'ils déciment, ils perpétuent le mal, ils le propagent, sous prétexte de le guérir.

XX

Arrivé au terme de ma course, j'ai à peine soulevé, je le sens, un coin du voile qui recouvre les hontes du charlatanisme. Je ne vous ai montré, en effet, que les pontifes avérés de ces nouveaux et monstrueux mystères. Combien de ministres obscurs ajoutent leur nom défloré à cette liste déjà si longue des empoisonneurs de l'humanité ! Que d'imprudents en grossissent le nombre, sans s'en douter et avec les meilleures intentions du monde !

Pas un quartier de notre bonne ville, pas une rue, pas une maison, pas une commère qui n'ait en réserve sa recette infaillible; qui ne possède son baume, son emplâtre, son élixir, — drogue incomparable, —

applicable à tous les maux et souvent chèrement vendue à tout venant.

Et il se trouve des malheureux pour en faire sottement usage à propos de tout; et de simples indispositions se transforment en maladies sérieuses!

Le médecin, qui a la conscience du danger, blâme, se récrie, s'interpose. Il voudrait substituer à des pratiques inintelligentes et nuisibles les sages ressources d'une expérience mûrie par l'étude : efforts impuissants! Son art est méconnu, son autorité s'efface, son rôle change; et, relégué sur le dernier plan, quand on l'appelle, il ne lui reste qu'à enregistrer les méfaits du charlatanisme ou à dresser l'acte mortuaire des victimes du vampire moderne.

Ce tableau est navrant, et de telles réflexions répondent suffisamment à qui pourrait croire qu'en flétrissant le charlatanisme, le médecin défend sa cause ou songe à ses intérêts. N'est-ce pas plutôt le contraire qui serait vrai, puisque des mains du charlatanisme sortent, comme d'une fourmilière, de nouveaux malades.

Mais si le traitement des malades incombe naturellement au médecin, l'honorabilité fait aussi le fond de son caractère, l'humanité en est le trait distinctif; et c'est dans cette double limite qu'il exerce un art appris de longue main et devenu l'objet des méditations de toute sa vie.

C'est pour cela que vous ne le voyez jamais prostituer sa dignité à l'intrigue, à la réclame ou à l'annonce.

C'est pour cela que vous l'entendez maudire les exploiteurs éhontés qui s'affichent pour vous ravir votre unique richesse, la santé.

C'est pour cela qu'également éloigné d'une ridicule jactance ou d'une pusillanimité dangereuse, il ne contracte point d'engagements impossibles, tout en poursuivant résolûment la mission qu'il a acceptée.

C'est pour cela, enfin, qu'étendant à tous le respect qu'il a pour lui-même, il ne cherche point à asseoir sa réputation sur les débris de celle de ses pairs, et ne vous fournit point l'occasion de saisir sur ses lèvres les honteuses insinuations d'un dénigrement perfide.

Je vous ai esquissé à grands traits les dangers du charlatanisme, synonyme de ruine et de mensonge ; je viens de vous dire à quels signes vous reconnaîtrez le véritable médecin : science, probité, dévouement. Vous voyez où se trouvent réunies les conditions de sécurité qui répondent le mieux à ce qu'exigent vos besoins et et vos intérêts : c'est à vous de conclure.

CHAPITRE VII.

LA MORALE.

Non in solo pane vivit homo.
S. Matth., c. IV, v. 4.
L'homme ne vit pas seulement de pain.

SOMMAIRE.

I. L'homme est composé d'un corps et d'une âme; influence réciproque de l'esprit sur le corps et du corps sur l'esprit. Il doit donc y avoir une hygiène morale.

II. Conseils qu'elle donne à tous les âges.

III. L'encombrement des travailleurs dans les villes est une des causes de la misère qui y rend impraticables les préceptes de l'hygiène. Le sort de l'ouvrier des campagnes est bien préférable à celui de l'ouvrier des villes.

IV. Avantages moraux du mode de travail propre à la fabrique lyonnaise. Danger qui résulte du mélange des deux sexes dans un même atelier, et de la réunion de l'homme et de l'enfant sur le même *métier*.

V. Nécessité de l'instruction et de la fréquentation des écoles. La religion est le mobile le plus capable d'assurer l'observation des préceptes de l'hygiène morale.

I

Je vous l'ai dit en commençant, l'homme est double, esprit et matière, corps et âme; et tout en

17

lui porte l'indélébile empreinte de cette double nature.

Qu'est-ce que le besoin de connaître, si naturel à l'homme? qu'est-ce que le besoin d'aimer qui l'assiége depuis le berceau jusqu'à la tombe? sinon les indices révélateurs d'une vie distincte de la vie matérielle, et que vous voyez déjà poindre dans ces ardentes aspirations.

L'hygiène n'aurait donc pas fini son œuvre, si elle restreignait ses soins à la culture du corps. Car, telle est l'alliance intime du corps et de l'âme, que le bien-être ou le mal-être de l'un se communique irrésistiblement à l'autre.

Qu'importe que la transmission s'opère par des voies inconnues! qu'importe qu'elle soit un mystère, si elle existe! Et qui oserait en nier la réalité?

Ne savez-vous pas que les études prématurées nuisent au développement physique de l'enfance?

Ne savez-vous pas que les peines morales font vieillir avant l'âge, quand elles ne tuent pas brusquement comme la foudre?

Ne savez-vous pas que le trouble d'une mauvaise conscience se reflète sur la physionomie du coupable, et allume dans son sang un feu qui le consume?

N'avez-vous pas éprouvé en maintes occasions la plénitude de vie que donnent la joie d'une heureuse nouvelle, le souvenir d'une bonne action, le sentiment d'un devoir accompli? Et pouvez-vous ignorer que,

« Quand le cœur reste pur, le cœur bat plus longtemps (1), »

c'est-à-dire que la longévité est le fruit bien doux d'une vie irréprochable?

Si l'on envisage le résultat d'une bonne ou d'une mauvaise direction dans l'emploi des matériaux de l'hygiène, on arrive sans peine à se convaincre qu'ils ont nécessairement, dans leur application à l'homme, un retentissement heureux ou malheureux, une influence nuisible ou bienfaisante sur son moral.

Ainsi, la respiration d'un air pur, si salutaire au corps, n'est pas moins utile à l'âme.

Écoutez ce que dit Jean-Jacques Rousseau de son action favorable à l'un et à l'autre :

« Ce fut là que je démêlai sensiblement, dans la pureté de l'air où je me trouvais, la véritable cause du changement de mon humeur, et du retour de cette paix intérieure que j'avais perdue depuis longtemps. En effet, c'est une impression générale qu'éprouvent tous les hommes, quoiqu'ils ne l'observent pas tous, que, sur les hautes montagnes, où l'air est vif et subtil, on se sent plus de facilité dans la res-

(1) M. de Montherot.

piration, plus de légèreté dans le corps, plus de sérénité dans l'esprit; les plaisirs y sont moins ardents; les passions, plus modérées. Les méditations y prennent je ne sais quel caractère grand et sublime, proportionné aux objets qui nous frappent; je ne sais quelle volupté tranquille qui n'a rien d'âcre et de sensuel. Il semble qu'en s'élevant audessus du séjour des hommes, on y laisse tous les sentiments bas et terrestres, et qu'à mesure qu'on approche des régions éthérées l'âme contracte quelque chose de leur inaltérable pureté. On y est grave sans mélancolie, paisible sans indolence; content d'être et de penser : tous les désirs trop vifs s'émoussent; ils perdent cette pointe aiguë qui les rend douloureux; ils ne laissent au fond du cœur qu'une émotion légère et douce; et c'est ainsi qu'un heureux climat fait servir à la félicité de l'homme les passions qui font ailleurs son tourment. »

Tout de même, les soins généraux de propreté, la commodité et la salubrité des habitations, en assurant au corps une vie exempte de maux, répandent dans l'âme une grande somme de biens. Ils développent le goût de l'ordre, font prévaloir l'honnêteté, le respect de soi-même et l'amour du foyer.

Les aliments, à leur tour, n'exercent pas moins d'influence sur les mœurs. L'usage d'une bonne nourriture, en fortifiant le corps, ôte l'idée de chercher la force dans les stimulants alcooliques, qui ne la donnent guère, il est vrai, pour longtemps, mais qui en donnent l'apparence.

Enfin, un travail régulier et bien ordonné, en conservant la santé, entretient la bonne humeur. Le salaire mérité élève l'âme et lui inspire cette noble fierté qui fait l'homme digne.

Écoutez sur tous ces points le langage plein de haute raison d'hommes compétents et tout dévoués à vos intérêts :

« L'habitation d'appartements malsains et malpropres déprave l'ouvrier, en même temps qu'elle altère profondément sa constitution physique ; il y a une corrélation directe entre les habitudes domestiques et les mœurs. Mal logé, mal vêtu, sans propreté sur sa personne, l'ouvrier perd tout respect de lui-même. Il est rentré fatigué et épuisé chez lui, et n'y trouve point de repos ; il a besoin d'être récréé et restauré, mais tout ce qui l'environne annonce les privations et la misère. Sa maison, telle qu'elle est, ne saurait lui plaire ; aussi n'y reste-t-il que le moins qu'il peut : pressé d'en sortir, il établit son domicile dans les cabarets ou dans les lieux de débauche, devient paresseux, querelleur, ivrogne, et tombe souvent dans les plus grands vices. On sait quels lieux habitent les classes dangereuses dans les grandes villes ; l'aspect hideux de ces repaires est l'expression des mœurs de la population dépravée dont ils sont le domicile.

« Au contraire, lorsque l'ouvrier a une habitation décente et salubre, il contracte le goût de l'ordre et de la propreté; tout chez lui l'attache, et il aime à y rester. Comme il ne fait pas de dépense au cabaret, ses économies lui profitent; il se nourrit mieux, et il est mieux vêtu. Il est toujours très-probable qu'un ouvrier soigneux de sa personne est un bon travailleur. Ses outils et son métier sont en parfait état; son appartement n'a pas de luxe, mais rien n'y blesse la vue ou l'odorat. Par cela même que cet ouvrier respire en quantité suffisante un air sain, et qu'il a beaucoup d'eau pour ses besoins journaliers, il se porte mieux et gagne davantage. Content dans son domicile, il a plus de respect pour la propriété et pour les lois, et est plus attaché à l'observation de ses devoirs (1). »

Jetez les yeux autour de vous, et voyez quels sont les ouvriers qui alimentent les caisses d'épargne, qui grossissent le chiffre des sociétés de secours mutuels si prospères et si multipliées à Lyon.

Ne sont-ce pas ceux-là même, en général, qui font le plus de besogne, se nourrissent le mieux et qui sont les plus soigneux de leur personne; ceux-là

(1) MM. Monfalcon et de Polinière, *Traité de la salubrité dans les grandes villes.*

même qui ont la plus belle santé et les meilleures mœurs?

Mais c'est dans le penchant qui porte les sexes l'un vers l'autre, que se trouve le plus puissant levier de moralisation ou de démoralisation pour l'espèce.

Nous avons énuméré ailleurs longuement les désordres de toute nature qu'engendre l'abus des plaisirs des sens, nous n'y reviendrons pas.

Constatons seulement ici que ce penchant mystérieux, besoin du cœur et besoin des sens, qui rapproche les sexes, devient éminemment moralisateur par le mariage.

Le mariage indissoluble pare aux défaillances de l'âme et aux désenchantements de l'amour. Il corrige les passions fougueuses de la jeunesse, double l'ardeur au travail, inspire l'épargne et la prévoyance, et donne la joie du foyer. Il renoue la vie de famille, et, par l'influence de la femme, par l'amour des enfants, plus d'une fois il arrête sur le chemin du vice ou sur la pente du crime l'homme qui était prêt à faillir.

Qui ne connaît les conséquences morales des maladies et des souffrances du corps? La gaieté se perd, le caractère s'aigrit, l'existence s'assombrit et devient à charge, les beautés de la nature disparaissent, et la misère se montre escortée du désespoir.

En voilà assez pour vous prouver qu'il y a échange

incessant, communication perpétuelle, transmission sans fin de biens et de maux, de l'être physique à l'être moral, et, réciproquement, de la vie morale à la vie physique.

A l'hygiène donc sa mission tout entière ! Et si, dans ses enseignements, elle aborde le champ des prescriptions morales, vous vous rappellerez que la double nature de l'homme lui en fait un devoir. Vous songerez qu'il ne lui est pas permis de négliger la meilleure et la plus noble moitié de votre être, puisqu'à cette culture, comme à celle de l'autre moitié, est attaché un même prix, le maintien et la conservation de votre santé, but suprême de ses conseils et de ses efforts.

II

Le corollaire nécessaire de tout ce qui précède est que l'hygiène fait de la pratique de la vertu les assises de la santé et du bonheur.

Elle prescrit à tous l'activité et le travail, la tempérance qui est la modération en toutes choses, l'honneur qui est la paix de la conscience.

Elle fait taire la colère, la jalousie et la haine, ces filles perdues et dangereuses des amours-propres froissés.

Elle apaise l'envie, en mettant le devoir à la place

de la convoitise et du plaisir ; elle tire ainsi de l'inégalité des conditions, œuvre de la nature, les plus sublimes vertus.

Elle recommande à l'enfant la soumission, le respect et l'amour filials, l'innocence, seule capable de féconder les germes de vie qui sont en lui.

Elle dit à la jeune fille : Prenez garde que le culte exagéré de votre beauté ne devienne la cause de sa ruine et de votre chute.

Et encore :

« Gardez jalousement votre premier amour pour votre premier mari. C'est une grande tromperie de présenter, au lieu d'un cœur entier et sincère, un cœur tout usé, frelaté et tracassé d'amour (1). »

Elle dit au jeune homme :

La continence est possible, elle est nécessaire. Rendez-vous-la facile par le travail, par la tempérance, par un sentiment d'honneur.

Elle dit aux époux :

La chasteté est nécessaire dans le mariage.

« Comment votre femme pourra-t-elle vous croire chaste, si vous ne l'êtes pas dans les plaisirs que vous prenez avec elle (2) ? »

Songez aussi que celle qui désapprend la pudeur est bien près de devenir infidèle.

(1) Saint François de Sales.

(2) Saint Clément d'Alexandrie.

Et, pour compléter ce qu'il importe de savoir sur ce sujet délicat, une comparaison, empruntée aux plaisirs de la table, permettra de tout dire sans blesser les oreilles :

« *Manger*, non point pour conserver la vie, mais simplement pour contenter l'appétit, c'est chose supportable, mais non pas pourtant louable.

« Manger, non plus par simple appétit, mais par excès et déréglement, c'est chose plus ou moins vitupérable, selon que l'excès est grand ou petit. Or, l'excès du manger ne consiste pas seulement en la trop grande quantité, mais aussi en la façon et manière de manger.

« C'est une vraie marque d'un esprit truand, vilain, abject, infâme, de penser aux viandes et à la mangeaille avant le temps du repas ; et encore plus, quand après icelui on s'amuse au plaisir que l'on a pris à manger, s'y entretenant par paroles et pensées, et vautrant son esprit dedans le souvenir de la volupté que l'on a eue en avalant les morceaux, comme font ceux qui, devant dîner, tiennent leur esprit en broche, et, après dîner, dans les plats; gens dignes d'être souillards de cuisine, qui font un dieu de leur ventre.

« Les gens d'honneur ne pensent à la table qu'en s'asseyant, et, après le repas, se lavent les mains et la bouche, pour n'avoir plus ni le goût ni l'odeur de ce qu'ils ont mangé (1). »

Enfin, l'hygiène morale s'adresse au vieillard, pour lui apprendre la résignation; au père de famille, au chef d'atelier, pour leur faire une loi de la surveillance et du bon exemple.

III

Il y a dans l'importance extrême de la grande industrie qui, à elle seule, occupe la presque totalité des ouvriers de Lyon, il y a, dans son développement chaque jour plus considérable, dans l'affluence qu'elle détermine au sein de la grande cité, un danger que nous devons prévoir et signaler, parce qu'il menace de stérilité et d'impuissance nos conseils même les plus simples, et paralyse, à un moment donné, la bonne volonté la meilleure.

Ce danger, — que l'industrie de la soie partage du reste avec toutes les grandes industries manufacturières concentrées dans les villes, — c'est la misère, et il résulte de l'encombrement des travailleurs.

Attirés par la trompeuse amorce d'un salaire en

(1) Saint François de Sales.

apparence plus élevé, et par le prestige séducteur des vains plaisirs de la ville, des hommes robustes, de tendres jeunes filles accourent en foule, désertant de plus rudes travaux. Désertion doublement déplorable et funeste!... car, elle dépeuple les campagnes au détriment de l'agriculture, cette mamelle nourricière de l'État, et produit le trop plein qui exagère si malheureusement la somme des bras inoccupés, et qui centuple, aux jours de crise, les chances défavorables à l'ouvrier valide et laborieux.

Ah! ne vous laissez pas prendre plus longtemps à cette fièvre de l'industrie qui vous dévore, paisibles habitants des campagnes! On l'a dit avant moi : Combien plus heureux est le sòrt que vous a fait la nature!

« O fortunatos nimiùm, sua si bona nôrint,
« Agricolas! . . . . . »

La santé vous échoit sans peine en partage, parce qu'elle est à peu près toute entière dans l'air que vous respirez. Rude est votre labeur, oui; mince est votre pécule, oui encore; mais vous n'avez pas à rougir de vos tranquilles plaisirs, et vous ignorez, dans vos chaumières, les poignantes angoisses de la misère, les tortures de la faim.

Comparez froidement au vôtre le sort de l'ouvrier des villes.

Sa santé est moins florissante, sa vie plus courte, ses maladies plus multipliées, son enrichissement exceptionnel. Viennent le chômage, la concurrence, l'invention d'une simple machine ou une secousse politique, et voilà ce beau salaire qui vous tente amoindri, réduit à néant, tari jusque dans sa source !

Puissent ces quelques lignes ouvrir les yeux sur leurs véritables intérêts à ceux pour qui il en est temps encore ! Moins encombrée de bras, l'industrie de la soie ne serait plus un leurre; et, s'il est vrai que le moment soit venu pour elle de se transformer pour se maintenir à la hauteur de ses traditions lyonnaises, l'abaissement du chiffre des travailleurs, en élevant le prix de la main-d'œuvre, hâterait, je le suppose, un dénoûment devenu nécessaire.

Qu'est l'hygiène, en vérité, quand son flambeau ne peut luire qu'au sein de la misère la plus profonde?

IV

J'ai tâché d'appeler votre attention sur un des dangers de notre industrie; je dois maintenant vous faire remarquer un de ses avantages les plus éminents.

L'avantage qui a toujours paru aux gens de cœur le caractère le plus honorablement distinctif de la fabrique lyonnaise, c'est la concentration du travail au foyer de la famille.

Cette sage concentration a des fruits bien doux : elle met le travail à l'abri de toute pression tyrannique et inhumaine; elle inspire au travailleur le juste sentiment d'une noble indépendance; elle produit enfin une plus grande moralité de la vie.

Misérable et triste population ouvrière que celle qui est privée de ce bienfait, comme il arrive dans les grands centres manufacturiers de l'Angleterre !

« Là, hommes, femmes et enfants, parqués par milliers dans d'immenses ateliers silencieux, sous l'œil du contre-maître, sont assujettis à une tâche fixe, astreints à une sorte de vie monacale, qui règle au son de la cloche tous les actes de leur existence, et tue dans leur cœur le souvenir du foyer domestique et jusqu'au sentiment de l'individualisme humain. Il ne leur est pas même permis, après le travail forcé de la semaine, de relever la tête pour goûter les joyeuses distractions de notre dimanche. La plus brutale ivresse est leur seule consolation (1). »

Je ne dirai pas la vérité à demi ; ceux à qui je parle sont dignes de l'entendre tout entière.

Sans doute le travail à l'intérieur de la famille contient en germe les plus excellents résultats, et nos

(1) M. Eug. Jouve, VIIe lettre parisienne.

ateliers sont, sous ce rapport, bien supérieurs à ceux que je viens de rappeler. Mais enfin, un atelier de soierie, même à Lyon, n'est pas toujours une école de vertus ; et c'est un malheur dont il faut peut-être moins accuser l'ouvrier lui-même que le relâchement général des mœurs dans toutes les classes de la société.

Toutefois, la cause en est aussi dans la réunion sous le même toit, au même foyer, d'ouvriers des deux sexes, réunion immorale, pleine de périls faciles à comprendre. *Compagnon* et *compagnonne* ne tarderont pas à fraterniser ensemble ; et plus d'un couple trop osé rougirait de dire au grand jour jusqu'où peuvent aller les témoignages mutuels d'une fraternité de mauvais aloi.

Signaler l'écueil, c'est indiquer le moyen de s'en affranchir. Les chefs d'atelier qui comprennent leurs devoirs ne s'y exposeront pas. A défaut de mœurs, d'ailleurs, l'intérêt bien entendu de leurs propres affaires leur en fait une loi : les préoccupations amoureuses endorment l'activité et la vigilance ; les œillades et les soupirs n'ajoutent pas un centimètre à la *longueur*.

La cause du malheur que je déplore est encore dans le rapprochement sur le même *métier* de l'homme et de l'enfant en bas âge, de celui qui a usé et abusé déjà de la vie et de celui qui a tout à en apprendre.

Ce contact journalier amène trop souvent, de *compagnon* à *lanceur* ou à *tireur de fers*, par suite d'une dépravation sans nom ou d'une inqualifiable imprévoyance, les initiations les plus déplorables.

Et c'est ainsi que l'atelier peut devenir une école de vices; le corrupteur, un homicide, le pire, le plus exécrable de tous, un homicide à froid, qui tue à de pauvres petits enfants leur innocence, à de pauvres mères leurs enfants.

V

Vous n'oublierez pas que l'oisiveté de l'esprit est aussi funeste que celle du corps.

Si le travail fortifie les membres, l'étude les délasse de leurs fatigues et nous charme par des distractions aimables. Elle élève l'intelligence, elle agrandit le cœur et le rend meilleur.

Pour arriver à un résultat si désirable et si utile, il faut que l'instruction se propage de plus en plus, que le père de famille ne néglige rien pour assurer à ses enfants le bénéfice de la fréquentation des écoles ; il faut surtout un choix de bons livres.

Que ne prend-on de bonne heure le goût des lectures sérieuses et utiles ! On dévore des frivolités, et l'on ne sait souvent pas le premier mot de l'histoire de son pays !

Il est quelque chose de plus pénible à dire : on sait moins de religion à vingt ans qu'à l'âge de la première communion !..

N'en riez pas : cela est profondément fâcheux et a, au point de vue de l'hygiène, plus d'importance que vous ne pensez.

Car la religion est l'appui, la sauvegarde et la sanction de la morale. Sans religion, la vertu se trouble et n'a qu'une existence incertaine et précaire ; la morale chancelle, court de très-grands risques et succombe presque toujours. Avec la religion, la vertu est inébranlable, la morale a la plénitude de sa raison d'être.

Avec le catholicisme, en particulier, l'âme s'initie à la morale la plus pure, la plus parfaite, la plus appropriée à la nature humaine.

On peut donc l'affirmer hardiment, l'ignorance des choses de la religion éteint le flambeau de la morale et laisse le champ libre aux ténèbres, aux penchants mauvais, à tous les écarts destructeurs du bonheur et de la santé.

Et voilà pourquoi, peut-être, depuis plus d'un demi-siècle, l'esprit de révolte et d'insubordination sème les orages sous nos pas; pourquoi la société a failli périr vingt fois, bouleversée jusque dans ses fondements par d'horribles tempêtes !

Ouvriers de Lyon, qui vouliez ou à qui l'on avait

promis l'égalité, la liberté, la fraternité, vous trouverez dans l'Évangile le secret qui doit faire régner cette belle devise parmi les hommes.

Ne découle-t-il pas, comme de sa source, de ce sublime commandement qui les renferme tous :

Ce que je vous commande est de vous aimer les uns les autres (1).

(1) Évangile de saint Jean, chap. XV : *Hoc est præceptum meum ut diligatis invicem.*

FIN.

TABLE DÉTAILLÉE

DES MATIÈRES CONTENUES DANS LE VOLUME.

Pages.

Extrait du rapport sur les Mémoires envoyés au concours pour le prix d'hygiène........................ I à XVI

CHAPITRE PREMIER.

Qu'est-ce que l'hygiène.

Sommaire. 1

I. L'hygiène est le code de la santé. L'esprit chrétien, qui vit au fond de la vieille société française, pousse sans cesse cette société à l'amélioration progressive du sort des travailleurs 1

II. La santé, présent de la nature, se maintient par la satisfaction légitime de nos besoins physiques et moraux. La pratique de la vertu est donc une loi de l'hygiène .... [illegible]

CHAPITRE II.

L'air.

Sommaire.. 11

I. Belle santé et longévité de l'habitant des campagnes :

Pages.

l'air est un aliment, et sa pureté explique ces bienfaits. 12

II. L'air s'altère par l'acte de la respiration, et devient impropre à l'entretien de la santé et de la vie : terrible exemple qui le prouve. — Mesure de la quantité d'air nécessaire à l'individu........................ ... 16

III. L'air s'altère par les émanations des corps vivants : salles de spectacle, salles de bal, *garnis*.............. 19

IV. L'air s'altère par le mélange des gaz de la combustion ou du chauffage, et de l'éclairage artificiel............. 20

V. L'air s'altère par la respiration des végétaux et par les émanations odorantes des fleurs. — Distinction importante résultant de l'exposition des premiers au soleil ou à l'ombre... 22

VI. On ne rétablit la pureté de l'air, altérée par ces diverses causes, qu'en le renouvelant. — Conseils pour l'aération des appartements........................ 24

VII. La lumière solaire est nécessaire à l'entretien de la salubrité de l'air et de sa puissance vivifiante. — Effets remarquables de sa présence ou de son absence. Préjugé relatif au soleil de mars et d'avril..................... 26

VIII. Effets d'un air froid et humide..................... 31

IX. Dangers des vicissitudes atmosphériques, c'est-à-dire du passage brusque du chaud au froid ou du froid au chaud 32

X. Du choix des habitations. — Coup d'œil sur les vieux quartiers de Lyon. — Améliorations projetées ou en cours d'exécution. — Commission pour l'assainissement des logements insalubres. — Cités ouvrières. — Quartiers modernes. — Maisons neuves. — Appartements humides. — Loges de portier................................ 34

XI. Propreté des habitations et de leurs dépendances. — Assainissement des murs par le blanchissage à la chaux. — De quelques abus très-criants, qui appellent une réforme radicale.............. 41

Pages.

XII. Propreté du corps. — Pourquoi elle est nécessaire, et comment on la maintient : lotions et ablutions, bain tiède et bain froid. — Peut-on se baigner pendant la canicule? — Précautions propres à chaque espèce de bain. — Soins que réclament les cheveux et la barbe......... 46

XIII. Des vêtements. — Leurs propriétés diffèrent suivant la nature du tissu : Appréciation de ces propriétés dans les tissus de laine, de soie, de coton, de chanvre, de lin. — Règles générales. — Transmission des maladies contagieuses par les vêtements. — La chemise. — Le corset. — Le caleçon. — La ceinture. — Les bas. — Les jarretières. — La chaussure. — Le lit..................... 56

CHAPITRE III.

Les aliments.

Sommaire.. 64

I. Nécessité d'une bonne nourriture. — La vie à bon marché est un des besoins et une des préoccupations de notre époque.. 65

II. Bonne nourriture n'est pas synonyme de bonne chère. — La première a pour fondement la simplicité, qui n'exclut pas la variété.................................. 68

III. Mesure et nombre des repas. — Excès en plus ou en moins, nuisibles tous les deux........................ 70

IV. De quelques conditions propres à influencer la digestion. 72

V. Importance de la conservation des dents, au point de vue de la digestion. — Soins qu'elles réclament............ 75

VI. Du tabac, et de son action sur les glandes salivaires, et, par suite, sur la digestion. — Son usage immodéré mène à l'ivrognerie............................ 77

VII. Le pain. — Le plus blanc est celui qui nourrit le moins : Preuves.. 81

Pages.

VIII. La viande. — Les ouvriers qui en usent largement sont plus forts et font plus de besogne que les autres. — Rôtie, elle nourrit plus que bouillie. — Deux sortes de bouillon. — Viandes salées. — Viandes blanches. — Œufs, cerveau, foie, boudin. — Du maigre........... 84
IX. Du poisson.. 92
X. Les légumes. — Utilité de leur association avec les viandes. — Deux classes : les farineux et les herbacés. — Pommes de terre, légumes secs, châtaignes, pâtisserie. 93
XI. Les fruits. — Ne donnent pas le flux de sang, quand ils sont bien mûrs. — Abricot, melon, ne sont ni malsains ni fiévreux. — Amandes douces, noisettes, noix. — Amandes amères sont un poison. — Chocolat. — Fruits secs, fruits aqueux; confitures. — Noyaux de fruits, causes d'accidents graves................................ 98
XII. Le lait, le beurre, le fromage......................... 102
XIII. Assaisonnements. — Convenance et danger. — Huile, graisse, beurre. — Sucre, sel, vinaigre, poivre, etc... 105
XIV. Les boissons. — Est-il dangereux de boire froid, le corps étant trempé de sueur? — L'eau. — Le vin. — La bière. — Les boissons dites *hygiéniques*. — L'eau de Saint-Galmier. — L'eau-de-vie et autres liqueurs fortes. 108
XV. Ivresse et ivrognerie................................ 120
XVI. Le café et le thé.................................. 122
XVII. Ustensiles de cuisine.............................. 125

CHAPITRE IV.

Le travail.

Sommaire.. 129
I. Nécessité du travail : le travail fait l'homme fort et le conserve.. 130
II. Nécessité du repos pour assurer le bienfait du travail :

Pages.

repos du jour, repos de la nuit, repos du dimanche..... 133

III. Remarque importante sur les inconvénients attachés à l'exercice des diverses professions, et sur les moyens d'y remédier.... 139

IV. Tisseurs : inconvénients de leur profession, et moyens d'y remédier.. 140

V. Ouvriers sédentaires ou qui travaillent assis : inconvénients, et moyens d'en atténuer la portée.... 143

VI. Ouvriers qui travaillent ou emploient le plomb, le mercure, le cuivre; ouvriers des fabriques d'acides minéraux, d'eau de javelle; ouvriers employés au soufrage de la soie : dangers, et moyens de s'en garantir.... 145

VII. Ouvriers exposés à la vapeur du charbon, à celle des fours à chaux, des cuves de raisins, des brasseries : dangers, et moyens de s'y soustraire; premiers soins à donner dans le cas d'asphyxie produite par le gaz acide carbonique.... 151

VIII. Ouvriers qui travaillent au milieu de poussières de nature diverse; ouvriers des manufactures de tabac : inconvénients et précautions.... 154

IX. Ouvriers soumis à l'influence de l'humidité : inconvénients et précautions.... 158

X. Ouvriers soumis à l'influence d'une chaleur artificielle excessive : inconvénients et précautions.... 160

XI. Ouvriers qui portent des fardeaux : inconvénients et précautions.... 162

XII. Ouvriers exposés au contact et aux émanations d'animaux malades, ou de débris d'animaux putréfiés : dangers et préservatifs.... 163

XIII. Vidangeurs : dangers et préservatifs.... 164

CHAPITRE V.

Le mariage.

Pages.

Sommaire... 168

I. Idée sommaire de l'influence physique et morale du penchant procréateur... 169

II. Onanisme; ses conséquences... 170

III. Concubinage et prostitution; leurs conséquences... 173

IV. Du mariage. — Danger des alliances entre personnes trop jeunes, trop âgées, ou d'âge trop inégal; entre gens affectés de maladies héréditaires; entre parents. — Amélioration des générations par le croisement des familles. 178

V. D'un certain genre de stérilité volontaire qui viole le vœu de la nature... 184

VI. Grossesse. — Influence de l'imagination sur les *envies*, les *monstruosités*. Remarques sur les maladies contagieuses. — Conseils... 188

VII. Accouchement et ses suites; soins appropriés... 191

VIII. Premiers soins à donner au nouveau-né... 194

IX. Allaitement maternel. — Des crèches. — Allaitement artificiel. — Allaitement étranger; choix d'une nourrice; régime de la nourrice et du nourrisson. — Utilité du berceau... 197

X. Du sevrage... 203

XI. Conseil sur l'éducation physique et morale des enfants... 205

CHAPITRE VI.

Les maladies.

Sommaire... 210

I. Il faut combattre les maladies à leur début... 211

Pages.

II. Soins hygiéniques généraux dans les maladies, relatifs à l'air, à la chaleur, à la lumière, à l'humidité....... 214
III. — A la propreté et au lit.............................. 217
IV. — Au chaud et froid.............................. 222
V. — A l'alimentation.............................. 225
VI. — Au sommeil; aux facultés intellectuelles et affectives.............................. 230
VII. Des précautions à prendre dans les épidémies........ 231
VIII. Préjugés relatifs aux vers.............................. 234
IX. Préjugés concernant la vaccine.............................. 239
X. Danger des livres de médecine populaire.............................. 244
XI. Les charlatans.............................. 247
XII. Ce qu'ils pensent de leurs dupes.............................. 253
XIII. Les guérisseuses.............................. 256
XIV. Les magnétiseurs et les dormeuses.............................. 258
XV. Une de leurs consultations.............................. 264
XVI. Les magnétiseurs qui se passent de dormeuses..... 269
XVII. Le médecin aux urines.............................. 271
XVIII. Le rhabilleur.............................. 273
XIX. Les entrepreneurs de cures secrètes.............................. 278
XX. Conclusion.............................. 286

CHAPITRE VII.

La morale.

Sommaire.............................. 289
I. L'homme est composé d'un corps et d'une âme. Influence réciproque de l'esprit sur le corps, et du corps sur l'esprit. Il doit donc exister une hygiène morale....... 289
II. Conseils qu'elle donne à tous les âges.............................. 296
III. L'encombrement des travailleurs dans les villes est une des causes de la misère qui y rend impraticables les préceptes de l'hygiène. Le sort de l'ouvrier des cam-

Pages.
pagnes est préférable à celui de l'ouvrier de la ville.... 299
IV. Avantages moraux du mode de travail propre à la fabrique lyonnaise. — Danger qui résulte du mélange des deux sexes dans un même atelier, et de la réunion de l'homme et de l'enfant sur le même *métier*........ 301
V. Nécessité de l'instruction et de la fréquentation des écoles. — La religion est le mobile le plus capable d'assurer l'observation des préceptes de l'hygiène morale........ 304

FIN DE LA TABLE.

ERRATA.

Page 17, huitième ligne; *au lieu de* : dnas, *lisez* : dans.
Page 220, dernière ligne; *au lieu de* : particulières du, *lisez* : particulière dus.

Corbeil, typographie et stéréotypie de Crété.

www.ingramcontent.com/pod-product-compliance
Ingram Content Group UK Ltd.
Pitfield, Milton Keynes, MK11 3LW, UK
UKHW020100200726
13856UKWH00002B/303